철학이 삶의 언어가 될 때

철학이 삶의 언어가 될 때

고요히 나를 회복하는 필사의 시간

〈 김종원 지음 〉

Johann Wolfgang von Goethe
Friedrich Wilhelm Nietzsche
Ludwig Josef Johann Wittgenstein

큰숲

⟨ **Prologue** ⟩

일시적인 것들은
결코 나를 구할 수 없다

• • •

필사만큼 삶을 달라지게 하는 습관도 없을 것이다. 2025년 11월 현재 내가 운영하는 네이버 밴드 두 곳에서 무려 31,000명이 넘는 분들이 꾸준히 필사를 실천하고 있다. 사는 곳과 환경은 모두 다르지만 그들이 입을 모아 외치는 말은 바로 이것이다. "필사를 통해서 흔들리던 삶이 단단해졌고, 이제는 내가 나를 믿고 살 수 있게 되었습니다." 그 수많은 이야기를 듣고 읽으며 나는 좀 더 농밀한 내용이 담겨 있는 철학 필사책을 써야겠다는 생각을 했다.

또한 현재 '김종원의 세계철학전집'을 시리즈로 내고 있는데, 괴테와 니체 그리고 비트겐슈타인에 대한 책을 내면서 이 세 사람을 다시 새롭게 엮어서 농밀하게 압축하면 지금 방황하며 흔들리는 사람들에게 분명 큰 도움을 전할 수 있을 거라는 확신이 들었다. 철학을 내 삶에 녹여낼 때 그 인생이 얼마나 단단해지는지 이미 확인했기 때문이다. 그 아름다운 삶을 더 많은 분들께 소개하고 싶은 열망으로 이 책《철학이 삶의 언어가 될 때》를 만들어낸 것이다.

이 책의 필사 과정은 3단계로 구성되어 있다. 읽고 필사한 내용이 가장 빠르고 완벽하게 내 삶의 언어가 될 수 있도록 루틴으로 만든 것이다. 먼저 '철학자의 말'을 읽고 사색하는 시간을 갖고, 다음에는 그 사색을 내 마음에 담을 수 있게 해주는 문장으로 '오늘의 필사'를 진행한다. 그리고 마지막으로 '오늘의 질문'에 간단히 답해보며 최종적으로 철학을 내 삶의 언어로 새기는 것이다. 이 과정대로 매일 고요한 필사의 시간을 가져보자. 괴테에게는 성장의 도구를, 니체에게는 마인드셋을, 비트겐슈타인에게는 수준 높은 언어를 각각 전수받으며 내 삶을 단단하게 지킬 수 있는 철학을 내면에 담을 수 있을 것이다.

다만, 이 사실을 꼭 기억하자. 살아가며 너무 힘이 들면 일시적인 위안을 찾게 될 때도 있다. 순간적인 구호나 격려, 응원의 메시지 등 모두 다 좋다. 하지만 그런 일시적인 것들이 결코 나를 진정으로 구할 수는 없다는 사실을 똑똑히 알아야 한다. 나는 내가 스스로 구해야 하며, 그래서 더욱 세 명의 철학자가 알려주는 성장의 도구, 마인드셋, 수준 높은 언어를 내 삶의 언어로 만들어야 한다. 그래야 이 힘든 시기를 더 근사하게 통과할 수 있다.

지금까지 힘들었다면, 이제는 무기력하고 우울한 날 떠오르는 생각에 속지 말자. 그 생각은 결코 나를 대변할 수 없다. 기쁘고 행복한 날 떠오르는 생각이 바로 나의 현실이다. 또한 인생은 한 페이지로만 구성되어 있는 게 아니다. 지금 내게 고통을 주는 이 페이지도 결국에는 넘어가고 기쁨과 행복만 가득한 페이지가 펼쳐질 것이다.

이제 아래 글을 낭독하고 필사한 후 철학을 내 삶의 언어로 만드는 하루를 시작해보자.

"모든 것이 다 무너지는 지금
나는 힘들고 우울한 시기를 만난 게 아니라,
새롭게 시작할 기회를 얻은 것이다.
무너지는 게 아니라 시작하는 것이며,
멈춘 게 아니라 뛸 준비를 하는 것이다.
결국 나는 내가 원하는 대로 된다.
철학은 반드시 내 삶의 언어가 되어
앞으로의 나날을 빛낼 것이다."

Prologue_ 일시적인 것들은 결코 나를 구할 수 없다 004

1부
괴테, 성장의 도구 : 아픔에서도 배울 수 있다

삶 속의 방황을 성장의 도구로 바꾸는 괴테의 말들 012

001. | 내 삶의 뉴스에 귀를 기울이자 016
002. | 나를 가장 잘 가르치는 사람은 나다 018
003. | 내가 경험한 것만 나의 것이다 020
004. | 수준 높은 인생은 칭찬에서 시작한다 022
005. | 길을 정했다면 뚜벅뚜벅 걸어가자 024
006. | 시작이 가장 강력한 삶의 무기다 026
007. | 내일이 기대되는 가정의 조건 028
008. | 내가 나를 포기하지 않으면 결국 꿈은 이루어진다 030
009. | 일상이라는 최고의 재산을 잃지 말라 032
010. | 기품 있는 삶에서 성장의 무기가 나온다 034
011. | 정면 승부를 해야 내 세계가 넓어진다 036
012. | 희망이 가장 귀한 재능이다 038
013. | 용기가 남아 있다면 희망도 사라지지 않는다 040
014. | 언제나 자기 자신에게 질문하라 042
015. | 내가 반복한 것들이 나를 완성한다 044
016. | 나는 나 스스로가 인도하는 곳으로 갈 것이다 046
017. | 값진 것을 얻으려면 고통을 수반해야 한다 048
018. | 스스로를 격려할 여유가 있어야 한다 050
019. | 나를 사랑할 용기를 내자 052
020. | 우리는 스스로 이해한 것만 볼 수 있다 054
021. | 수준 높은 어른의 삶은 언제나 조용하다 056
022. | 실천만이 내 생각이 옳았다는 사실을 증명한다 058
023. | 스스로에게 투자한 정성은 다시 내게 돌아온다 060
024. | 눈에 보이지 않는 것을 보려고 노력하라 062

025.	내가 존경하는 사람이 곧 내 수준이다	064
026.	예술을 통해서 지성을 지켜야 한다	066
027.	나는 운명까지도 스스로 제어할 수 있다	068
028.	세상에서 가장 다정한 배우자가 되라	070
029.	한계를 극복해야 다른 단계에 도전할 수 있다	072
030.	누구나 살 수 있는 삶에서 벗어나자	074
031.	사소한 일은 사소한 시간에 해결하라	076
032.	약자를 대하는 태도가 곧 그의 지적 수준이다	078
033.	세상 모든 것으로부터 배울 수 있어야 한다	080
034.	생기와 열정이 젊은 시절에 주어지는 이유	082
035.	매일 아침 가장 예쁜 생각으로 하루를 시작하라	084
036.	금에는 금박을 입히지 않는다	086
037.	어중간한 인생이 가장 나쁘다	088

2부
니체, 마인드셋 : 네 운명을 사랑하라

내 운명을 사랑할 수 있도록 변화를 불러오는 니체의 말들 092

038.	잠자는 척을 하는 사람은 누구도 깨울 수 없다	096
039.	동사의 삶을 시작해야 하는 이유	098
040.	오래된 나를 떠나야 한다	100
041.	같은 책을 읽어도 다른 곳에 줄을 치는 사람	102
042.	사는 게 힘들어질수록 귀한 언어를 사용해야 한다	104
043.	자기 자신의 감정을 믿고 지지하라	106
044.	하루를 웃으며 시작해야 하는 이유	108
045.	변하지 않는 강한 신념은 오히려 오만이다	110
046.	더 많은 책임을 지겠다는 마음으로 주변을 보라	112
047.	시간의 주인으로 사는 삶을 시작하라	114
048.	뭐든 관통하려는 시도를 해야 한다	116
049.	나는 나를 파괴하거나 구원할 수 있다	118
050.	부부 생활은 아주 긴 대화와 같다	120
051.	시작과 과정까지 아름다워야 결과가 빛난다	122
052.	스스로를 믿고 네 운명을 사랑하라	124

053.	우선 나대로 잘 살아가자 126
054.	더 크게 성장하는 사람들의 젊은 시절은 더 아프다 128
055.	세상은 해석하는 자의 몫이다 130
056.	가장 선한 마음이 가장 강한 힘이다 132
057.	훌륭한 친구와 아내를 가진 사람을 곁에 두라 134
058.	혼자 설 수 없는 사람들이 무리를 만든다 136
059.	내가 나를 사랑하는 순간 모든 것이 바뀐다 138
060.	호불호가 분명한 삶이 더 귀하다 140
061.	어떤 논리적인 불평도 일을 해결할 수는 없다 142
062.	타인의 시선과 태도에 신경을 쓰지 말라 144
063.	좋은 인생을 살면 저절로 좋은 글이 나온다 146
064.	도움을 주려는 마음으로 살면 힘들 게 없다 148
065.	내가 배운 모든 것은 결국 공동의 재산이다 150
066.	나는 진짜 나의 인생을 살고 있다 152
067.	위대한 생각과 목표일수록 공감받기 힘들다 154
068.	진실을 외면한 대가는 생각보다 크다 156
069.	스스로를 소유한 사람의 인생은 특별하다 158
070.	어른은 허영심을 제어할 줄 아는 사람이다 160
071.	나는 지금 망하지 않을 근거를 쌓고 있다 162
072.	지성인들이 관계의 폭을 좁히는 이유 164
073.	짜증이 심해질수록 더 빨리 늙는다 166
074.	인생이 망가지고 있다는 건 매우 좋은 신호다 168

3부

비트겐슈타인, 수준 높은 언어 : 느리게 읽을 때 나의 세계가 커진다

삶의 의미를 회복할 나만의 언어를 찾는 비트겐슈타인의 말들 172

075.	세상이라는 사전에 실리지 않은 가치를 찾으라 176
076.	경험의 크기가 용기의 크기를 결정한다 178
077.	내가 커지면 두려움은 작아진다 180
078.	타인의 기쁨을 나의 행복으로 아는 사람이 되라 182
079.	모든 감정은 다 세상이 준 선물이다 184
080.	결국 나이 들어서 후회하는 하나의 진실 186

081.	자신의 가능성을 의심하지 말라	188
082.	익숙한 곳을 벗어나야 새로운 곳의 주인이 된다	190
083.	읽다가 멈추는 데 독서의 가치가 있다	192
084.	자기 삶의 영웅이 되라	194
085.	스스로를 바꿔야 세상도 바뀐다	196
086.	스스로를 믿는 자기 삶의 철학자로 진화하라	198
087.	취향이 고급인 사람이 되는 법	200
088.	지금 할 수 있는 일부터 시작하라	202
089.	입이 아닌 삶이 나를 증명하게 하라	204
090.	가능하다는 생각으로 주변을 봐야 한다	206
091.	되는 일이 없을 때 무기력한 일상을 바꾸는 말	208
092.	아무리 힘들어도 스스로 명령해야 한다	210
093.	전문가는 그 일을 가장 오랫동안 사랑한 사람이다	212
094.	앎과 실천은 하나다	214
095.	내가 품은 언어가 내가 살아갈 세계를 결정한다	216
096.	진짜 어른의 독서는 나를 이렇게 변화시킨다	218
097.	이 순간에 무섭게 집중하라	220
098.	예민하게 생각하고 행동하면 나만 손해다	222
099.	모두에게 주어졌지만 아무나 쓸 수 없는 지적 도구	224
100.	어른은 자신을 재촉하지 않는다	226
101.	상황을 잘 아는 사람들의 문법은 다르다	228
102.	나는 내가 글로 쓴 만큼 피어날 수 있다	230
103.	글을 써야 내 가능성을 다 쓸 수 있다	232
104.	강한 인간은 안락함을 추구하지 않는다	234
105.	필사로 살고 싶은 인생을 살아보라	236
106.	근사한 내면의 소유자로 사는 법	238
107.	예술의 가치를 발견하는 안목의 본질	240
108.	자신만 옳다고 생각하는 사람을 지혜롭게 대하는 법	242
109.	가장 어려운 문제부터 해결해야 하는 이유	244
110.	일상의 가치를 더하는 글쓰기의 법칙	246
111.	시간이 날 때마다 자신과 대화를 나누라	248
112.	진짜 확실한 일에는 확신의 말이 필요 없다	250
113.	내가 먼저 좋은 사람이 되어야 하는 이유	252
114.	어디서든 꾸준히 잘 사는 사람들의 특징	254

1부

⟨ 괴테, 성장의 도구 ⟩

아픔에서도
배울 수 있다

Johann Wolfgang von Goethe

· · ·
삶 속의 방황을
성장의 도구로 바꾸는
괴테의 말들

괴테는 80세가 넘어서 매일 피를 토하는 큰 병에 걸렸다. 당시 그가 워낙 고령이라서 가망이 없다고 생각했던 의사는 가족들에게 이렇게 말했다.

"안타깝지만 죽음을 준비해야 할 시간입니다."

하지만 괴테의 생각은 전혀 달랐다. 당시 무려 60년이라는 긴 시간을 투자해서 집필하고 있던 대작, 《파우스트》의 마무리 작업을 하고 있던 그는 하늘에 대고 간절한 마음을 담아 이렇게 외쳤다.

"세상에서 오직 나만 할 수 있는 어떤 일이 아직 남아 있다면, 언제든 이렇게 외칠 수 있어야 한다. '죽음아, 물러가라'라고!"

괴테는 이 말과 동시에 실제로 거짓말처럼 병을 이겨냈고, 덕분에 무사히 《파우스트》라는 대작을 마무리할 수 있었다.

자신이 남긴 말처럼 괴테의 삶은 평생 활력이 넘쳤다. 수많은 사람의 존경과 사랑을 받았고, 스스로도 완벽에 가까울 정도로 만족하는 삶을 살았다. 중요한 사실은 그가 타고난 천재는 아니었다는 것이다. 그는 누구보다 부지런히 노력하며 연구하고 스스로 자신이 가진 능력을 성장시켰던 사람이다. 귀족으로 태어나지는 못했지만 스스로의 힘으로 바이마르 공국의 재상이 되어 높은 지위와 신분을 쟁취하기도 했다. 게다가 활동 범위도 매우 넓었다. 작가이자 도서관장, 과학자, 화가, 장관 등 수많은 일을 멋지게 해냈다.

그는 훗날 자신의 성장 비결에 대해서 이렇게 짧게 압축해서 말했다. "나는 뜨겁게 사랑했고, 그리고 아팠고, 그리하여 배울 수 있었다." 그가 사는 내내 방황했던 이유는 성장을 갈망했기 때문이고, 덕분에 자신의 삶에 수많은 성장의 도구를 담을 수 있었다.

방황에는 이유와 목적이 있어야 한다. 그게 없는 방황은 그저 시간 낭비일 뿐이며 어떤 의미도 우리에게 남길 수 없다. 방황하는 이유와 목적을 찾기 위해서 우리는 삶의 의미를 회복해야 하고, 이때 필요한 게 바로 괴테가 그랬던 것처럼 자기 안에 성장의 도구를 갖추는 일이다. 삶을 대하는 태도, 지식을 탐구하는 자세, 자신을 멋지게 활용하는 법 등 다양한 성장의 도구를 갖춰야 삶의 의미를 찾을 수 있다.

자, 이제 시작이다. 괴테가 사는 내내 성장을 갈망하며 더 나은 인간이 되려고 분투했던 것처럼, 그가 남긴 글을 읽으며 마음에 새겨보고 내가 덧붙여 전하는 조언인 오늘의 필사 문장을 써보며 멋진 성장의 도구를 자기 안에 담는 하루를 시작해보자. 다만 괴테의 말처럼 시간이 언제나 나를 기다리고 있다고 착각해서는 곤란하다. 게을리 걸어도 목적지에 도달할 수 있다는 생각은 완전한 착각이다. 빠르게 가라는 말이 아니다. 하루하루 성실하게 필사하는 자세가 가장 중요하다. 자신의 속도를 믿고 끝까지 가는 거다.

001.   Johann Wolfgang von Goethe

내 삶의 뉴스에 귀를 기울이자.

괴테의 말

신문을 읽지 않으면
오히려 마음이 평화롭고 기분도 좋아진다.
사람들은 자기 눈앞의 의무에는 소홀하면서
너무 남의 일에만 신경을 쓰고 있다.

오늘의 필사

뉴스나 신문을 보면서
오히려 삶이 중심을 잃고 흔들린다면
그 온갖 소음을 차단하자.
내게 주어진 가장 큰 의무는
내면의 소리에 귀를 기울이는 것이다.
다른 사람의 인생에 크게 관여하지 말자.
내 삶에서 책임과 의무를 다하는 것이
내게 주어진 가장 귀한 사명이다.
내 삶의 뉴스에 귀를 기울이자.
나는 나로 살기 위해서 태어난 것이지
타인을 관찰하기 위해서 사는 게 아니다.

오늘의 질문 • 내 삶의 뉴스에서 요즘 가장 자주 등장하는 건 무엇인가?

002.

Johann Wolfgang von Goethe

나를 가장 잘 가르치는 사람은 나다.

괴테의 말

책이나 강연도 좋지만 무엇보다 너의 삶을 믿어라.
다른 그 무엇보다 너의 삶이 누구보다 너를 잘 가르친다.

오늘의 필사

독서와 강연도 물론

내게 좋은 영향을 준다.

하지만 듣고 읽는다고

그 모든 지식과 정보가

나의 것이 되는 건 아니다.

중요한 건 삶에서 실천하는 것이다.

나를 가장 잘 아는 사람도 나고,

나를 가장 잘 가르치는 사람도 나다.

언제나 실천을 통해서

나 자신에게서 배워야

지식을 지혜로 만들 수 있다.

오늘의 질문 • 요즘 나는 자신에게 무엇을 가르치고 있나?

003.

Johann Wolfgang von Goethe

내가 경험한 것만 나의 것이다.

괴테의 말

나는 허세를 부린 적이 한 번도 없다.
내가 체험하지 않은 것이나 뼈저린 고통을 겪지 않은 것을
글로 쓰거나 입에 담지 않았다.
미움 없이 증오를 표현한 시를 쓸 수는 없다.
마찬가지로 사랑할 때만 사랑시를 썼다.

오늘의 필사

내가 경험한 것만

나의 것이라고 말할 수 있다.

경험하지 못한 것을

할 수 있다고 생각할 때

허세의 삶이 시작된다.

세상에서 가장 강한 힘은

치열한 실천에서 나오고,

그런 일상을 반복하면

무엇을 시작해도 할 수 있다는

강력한 확신을 갖게 된다.

남들은 그걸 행운이라고 말하겠지만

실천한 자에게는 순리와도 같다.

오늘의 질문 • 올해 가장 값진 경험은 무엇이었나?

004.

Johann Wolfgang von Goethe

수준 높은 인생은 칭찬에서 시작한다.

괴테의 말

남의 좋은 점을 발견할 줄 알아야 하고 남을 칭찬할 줄도 알아야 한다.
그런 행동을 통해서 나는 그들과 동등한 인격자로
멈추지 않고 성장할 수 있다.

오늘의 필사

칭찬보다 비난이 쉬운 이유는

타인의 좋은 점은

수준 높은 사람만 발견할 수 있고

칭찬도 아무나 쉽게

할 수 있는 게 아니기 때문이다.

비난은 수준이 낮다는 증거이지만

칭찬은 내가 높은 수준에

도달했다는 사실을 증명한다.

나는 앞으로 차근차근

비난의 빈도를 줄이고

칭찬의 빈도를 늘리는 삶을 살아갈 것이다.

칭찬하는 만큼

내 삶의 수준도 높아지니까.

오늘의 질문 • 칭찬하는 삶을 살기 위해서 나는 무엇을 바꿔야 하나?

005.

Johann Wolfgang von Goethe

길을 정했다면 뚜벅뚜벅 걸어가자.

괴테의 말

눈물에 젖은 빵을 먹어본 적이 없는 자는
인생의 진정한 맛을 알 수가 없다.
빠르게 도착한다고 무조건 좋은 건 아니다.
인생을 결정하는 건 속도가 아닌 방향이다.

오늘의 필사

눈물에 젖은 빵을 먹어본 경험이 중요한 이유는

길을 잃어본 사람만이

분명한 방향을 잡을 수 있기 때문이다.

길을 정했다면 주변을 돌아보지 말라.

나는 나의 길만 뚜벅뚜벅 걸어가면 된다.

내 뒤를 따라오는 후배들의

멋진 모범이 되자고 생각하며 걷자.

굳이 성급하게 뛰지 않아도 괜찮다.

아주 오랫동안 눈물에 젖은 빵을 먹어본

그 귀한 경험이

지금의 나를 지켜주고 있으니까.

오늘의 질문 • 후배들의 멋진 모범이 되려면 오늘 하루를 어떻게 보내야 할까?

006.

Johann Wolfgang von Goethe

시작이 가장 강력한 삶의 무기다.

> **괴테의 말**
>
> 선한 것을 시작하려는 사람은 '나중에'라는 말을 아예 하지 않는다.
> 그들은 오직 지금 이 순간에 해야 할 일을 시작한다.
> 선한 것을 시작하려는 사람에게 나중이라는 말은 필요 없다.

> **오늘의 필사**

스스로 이게 맞다고 생각한다면

망설이거나 멈추지 말자.

굳이 완벽해지려고

애쓸 필요도 없다.

나의 의도가 선하다면

시작 자체로 이미 완벽하기 때문이다.

나중으로 미루면 시간만 지날 뿐이다.

나에게 선한 의지가 충분하다면

그냥 끝까지 하기만 해도

원하는 모든 것을 이룰 수 있다.

오늘의 질문 • 지금 꼭 시작하고 싶은 일이 있다면?

007.   Johann Wolfgang von Goethe

내일이 기대되는 가정의 조건 。

괴테의 말

진짜 연애는 결혼 생활을 시작하며 경험할 수 있다.
결혼 생활은 모든 문화의 시작이며
자신의 가치를 보여주는 최고의 무대다.

오늘의 필사

내가 살면서 배운 모든 것들이

결혼 생활을 하며 하나하나 나온다.

나는 사랑하는 가족 구성원,

그들 모두의 성장을 위해

사랑으로 남을 수 있는 말만

선물하는 마음으로 들려줄 것이다.

내가 먼저 다정하고 예쁘게 말한다면

아이들의 인생까지 바뀔 것이고

가족 모두가 근사한 사람으로 성장할 수 있다.

오늘의 질문 • 가족 모두의 성장을 위해 나는 무엇을 바꿀 수 있나?

008.   Johann Wolfgang von Goethe

내가 나를 포기하지 않으면 결국 꿈은 이루어진다。

괴테의 말

모든 사람에게 주어진 인생은 단 한 번뿐이니 꿈을 품으라.
꿈을 계속 품고 있으면 반드시 실현할 때가 온다.

오늘의 필사

어제 최악의 하루를 보냈다고
오늘도 최악의 하루가 되는 건 아니다.
또한, 최선을 다해도 실패할 수 있다.
인생은 누구도 알 수 없다.
나는 어떤 어려운 일이 생겨도
내가 품은 꿈을 포기하지 않는다.
매일 일상에서 작은 실천을 반복하며
결국에는 모두 멋지게 이루어낼 것이다.
변치 않는 오래된 꿈은
마침내 보석이 된다는 말을
굳게 믿는다.

오늘의 질문 • 가슴속에 오랫동안 간직하고 있는 꿈이 있다면?

009.

Johann Wolfgang von Goethe

일상이라는 최고의 재산을 잃지 말라.

> **괴테의 말**
>
> 시간이 언제나 당신을 기다리고 있을 거라고 생각하지 말라.
> 게으르게 걸어도 결국 목적지에 도달할 수 있을 거란 생각은 잘못이다.
> 하루하루 전력을 다하지 않고는 그날의 보람은 전혀 없을 것이며,
> 동시에 당신이 원하는 목표에 도달하지 못할 것이다.

오늘의 필사

내가 가진 최고의 재산은 일상이다.

일상을 지배할 수 있어야

미래를 지배할 수 있다.

사무치도록 간절한 꿈이 있다면

하루하루 최선을 다해야 한다.

하루의 가치를 가볍게 생각하고

자꾸 쓸데없는 곳에 소모하면,

시간의 날개를 타고

모든 가능성이 사라져버린다.

오늘의 질문 • 하루를 좀 더 농밀하게 살기 위해 우선순위 세 개를 정한다면?

010.

Johann Wolfgang von Goethe

기품 있는 삶에서 성장의 무기가 나온다.

> **괴테의 말**
>
> 인간이라면 기품이 있어야 한다.
> 사람은 물론 우리가 알고 있는 모든 것을 구별하는 기준은 결국 기품이다.
> 기품 있는 사람만이 끊임없이 유익하고 올바른 것을 창조한 후
> 세상에 선물할 수 있다.

> **오늘의 필사**

소중한 사람들에게 예쁘게 말하고
착한 사람들에게 고마운 마음을 전하며
약한 사람들을 돕는 일상을 살 수 있다면
나는 그걸 해내지 못한 사람들보다
높은 수준의 기품 있는 삶을 살 수 있다.
기품이란 돈과 명예가 필요한 것이 아니다.
세상에 유익한 것을 주고 싶은 마음만 있다면
누구든 기품을 일상에 녹여낼 수 있다.

오늘의 질문 • 내 말과 행동 중 가장 기품이 없는 것은 무엇인가?

011.   Johann Wolfgang von Goethe

정면 승부를 해야 내 세계가 넓어진다.

괴테의 말

혼자서 돌을 들어 올릴 마음이 없는 사람들이라면
아무리 여럿을 모은다 해도 돌은 절대로 들어 올릴 수 없다.
아는 것만으로는 충분하지 않다. 삶에 반드시 적용해야 한다.
의지만으로는 충분하지 않다. 일상에서 반드시 실천해야 한다.

오늘의 필사

해야 한다는 사실은 누구나 알고 있다.
그러나 아무리 많은 것을 알고 있어도
인생은 조금도 변하지 않는다.
안다는 자만심만 커질 뿐이다.
아는 것을 삶에 적용하고 실천해야
비로소 그것을 나의 것이라 말할 수 있다.
의지만으로 해결할 수 있는 문제는 없다.
세상과 정면으로 승부하며
하나하나 스스로 해결한 만큼
내가 살아갈 세계도 함께 넓어진다.

오늘의 질문 • 세상과 정면으로 승부하며 자신의 세계를 넓힌 경험이 있는가?

012.   Johann Wolfgang von Goethe

희망이 가장 귀한 재능이다.

괴테의 말

　　희망만 있다면 그 안에서 행복의 싹은 자란다.
　　희망은 제2의 영혼이다.
　　내게 아무리 불행한 일이 있어도 희망이라는 영혼을 품고 있다면
　　쉽게 무너지거나 좌절하지 않는다.

오늘의 필사

나는 어떤 힘든 상황에서도

쉽게 무너지거나 포기하지 않는다.

여전히 내게는 희망이 있기 때문이다.

아무리 크게 넘어진다고 해도

일어설 수 있다는 희망만 있다면

나는 다시 미소를 지을 수 있다.

희망은 제2의 영혼이자

내가 스스로에게 허락한

가장 귀한 재능이다.

오늘의 질문 • 무너진 나를 일으켜 세우는 나만의 특별한 희망의 주문이 있다면?

013.

Johann Wolfgang von Goethe

용기가 남아 있다면 희망도 사라지지 않는다.

괴테의 말

햇빛에 비치면 먼지도 빛난다.
그대, 아름다운 시선을 유지하라.
신도 절망하는 곳에는 나타나지 않는다.

오늘의 필사

두려움은 저절로 사라지지 않는다.

내 용기가 더 커져야

두려움을 지워낼 수 있다.

모두가 이미 끝났다고 외쳐도

스스로 절망하지는 말자.

나의 끝은 다른 누군가가 아닌

나만 선택하고 외칠 수 있다.

용기가 있는 한 희망도 있다.

내게 주어진 시간은

남김없이 내가 다 써야 한다.

귀한 내 시간과 감정을

절망하는 데 쓰지 않을 것이다.

오늘의 질문 • 용기 있게 뭐든 시작하려면 자신에게 어떤 말을 들려줘야 할까?

014.

Johann Wolfgang von Goethe

언제나 자기 자신에게 질문하라.

괴테의 말

현명한 답을 얻고 싶다면 현명한 질문을 해야 한다.
원하는 수준에 맞는 질문을 찾아서 던지라.

오늘의 필사

원하는 답을 찾으려면

그 수준에 맞는 질문을 던져야 하고,

질문의 수준을 높이기 위해서는

남이 아닌 자신에게 물어야 한다.

"그럴 자격을 가지려면 어떻게 해야 하나?"

"이 일을 성공시키려면 무엇을 해야 할까?"

질문은 아직 발견하지 못한

나의 가능성을 찾아내는

가장 정밀하고 지적인 도구다.

자신에게 더 많이 질문한 사람만이

자신으로부터 더 많은 것을 꺼낼 수 있다.

오늘의 질문 • 올해 가슴에 품고 살고 싶은 질문이 있다면?

015.

Johann Wolfgang von Goethe

내가 반복한 것들이 나를 완성한다.

괴테의 말

일상이 가장 위대한 자산이다.
이 세상 어떤 것도 내가 누리는 오늘 이 시간보다
더 비싸거나 귀중하지 않다.
내가 반복하는 것이 나를 증명한다.
세상에서 가장 행복한 사람은
매일 자기 자신이 반복하는 것을 기쁜 마음으로 즐기는 사람이다.

오늘의 필사

멋진 계획이나 전략도 좋지만

큰 계획을 대충 정한 다음에는

'내가 이래도 되나' 싶을 정도로

그냥 무작정 반복하는 게 좋다.

어떤 일이든 탁월함은 반복에서 나온다.

반복한 시간이 나의 의지를 증명하고

그렇게 쌓인 세월은 내가 누구이며

무엇을 추구하며 살았는지를

세상에 선명하게 알려준다.

나는 내가 반복한 것들의 합이다.

오늘의 질문 • 요즘 나는 무엇을 반복해서 실천하고 있나?

016.

Johann Wolfgang von Goethe

나는 나 스스로가 인도하는 곳으로 갈 것이다.

괴테의 말

다른 사람이 나를 좋은 곳으로 인도해줄 것이라는 막연한 믿음이
내 인생과 계획을 순식간에 망치고 엉뚱한 곳으로 이끌고 간다.

오늘의 필사

타인의 도움을 구하며 살지 말자.
누구나 자신에게 주어진 힘든 삶을
하루하루 견디느라 정신없이 살고 있다.
나보다 나를 잘 아는 사람은 없다.
나를 도울 사람은 나뿐이며
나는 내가 구해야 한다.
앞으로 무엇을 배워야 하고
그것을 누구에게 배워야 하는지
또 어떤 방식으로 배울 것인지
모두 스스로 정해야 한다.
사소한 것 하나라도 스스로 선택해야
내가 머무는 공간의 주인으로 살 수 있다.

오늘의 질문 • 내가 가는 방향을 세 줄로 압축해서 설명할 수 있나?

017.

Johann Wolfgang von Goethe

값진 것을 얻으려면 고통을 수반해야 한다.

괴테의 말

순간아, 너는 참으로 아름답다.
내가 진정으로 원하는 것을 이루기 위해서 노력하는 이 순간이야말로
영원히 아름다운 나만의 시간이다.
그러니 순간아, 늘 여기에 머물러라.
내가 너와 같이 지낸 나날은 영원히 사라지지 않으리라.
목표에 점점 가까워질수록 고난과 시련도 점점 더 강해진다.

오늘의 필사

내가 힘들게 얻은 모든 것은

나를 쉽게 떠나지 않는다.

하지만 내가 쉽게 얻은 모든 것은

나를 너무나 쉽게 떠난다.

가장 힘들 때 좀 더 힘을 내서

시간과 노력을 투자하면

마침내 모든 목표를 이룰 수 있다.

고통이 점점 심해질수록 내 목표에 가까워진 것이다.

성장은 고통이라는 터널을 지나며 완성된다는 사실을

나는 잘 알고 있다.

나는 이 힘든 순간을 이겨낼 것이다.

원하는 것을 쟁취할 것이다.

오늘의 질문 • 요즘 나를 가장 고통스럽게 만드는 게 무엇인가?

018.　　　　　　　　　　Johann Wolfgang von Goethe

스스로를 격려할 여유가 있어야 한다.

괴테의 말

비난보다는 격려가 아름답다.
누군가의 잘못을 바로잡는 것도 좋지만
그보다는 격려가 더 많은 일을 한다.
잘못한 것을 바로잡은 후 들려주는 따스한 격려는
비 내린 후에 비치는 햇살과도 같다.

오늘의 필사

실수하거나 실패한 뒤에

자신에게 비난의 말을 들려주는 건

누구나 할 수 있는 쉬운 일이다.

하지만 비난보다는 격려가 아름답다.

나는 내게 좋은 말을 들려줘야 한다.

할 수 있다는 말을 자주 들려주면

실제로 할 수 있는 일이 늘어난다.

나는 나의 능력을 신뢰하고

최고의 순간이 아직 오지 않았다는 사실도

잘 알고 있다.

나는 한다면 하는 사람이고

앞으로 하나하나 증명할 것이다.

오늘의 질문 • 스스로를 격려한다면 어떤 말이 가장 힘이 될까?

019.

Johann Wolfgang von Goethe

나를 사랑할 용기를 내자.

괴테의 말

타인에게서 부정적인 것과 나쁜 행위를 발견하는 건 쉬운 일이다.
그냥 남의 행동을 보고만 있어도 누구나 쉽게 알 수 있기 때문이다.
그보다는 어렵더라도 늘 진리를 추구해야 한다.
나는 나의 삶을 사랑했고 많이 아파했으며 그리하여 새로운 것을 배웠다.

오늘의 필사

다른 사람과 나를 비교하지 말자.

그를 이기기 위해

단점을 찾고 비난하는 것으로써

나를 추켜세우려는 생각도 버리자.

내 현실은 내가 만든 것이다.

자신의 삶을 사랑하는 사람의 눈은

결코 바깥을 바라보지 않는다.

나를 더 사랑할 용기를 내고

그런 하루하루를 쌓아가면

결국 나는 내가 그토록 원하는 지점에

도착해 있을 것이다.

오늘의 질문 • 비교가 아닌 성장의 차원으로 올라가려면 시각을 어떻게 바꿔야 할까?

020.

Johann Wolfgang von Goethe

우리는 스스로 이해한 것만 볼 수 있다.

괴테의 말

상대가 이해하지 못한 부분을 굳이 반복해서 설명할 필요는 없다.
애초에 모든 사람은 본인이 이해한 것만 들으려고 한다.

오늘의 필사

내가 볼 수 있다고 해서
모두가 그걸 볼 수 있는 건 아니다.
한 사람이 보는 현재의 세계는
지금까지 그가 이해한 것들의 합이다.
이해하지 않는 게 아니라,
이해하지 못하는 것이다.
설명을 했지만 알아듣지 못한다면
거기에서 끝내는 게 좋다.
굳이 설득까지 해야 할 필요는 없다.
설명으로 알 수 없는 것은
아무리 반복해서 말해도
이해시킬 수가 없기 때문이다.

오늘의 질문 • 누군가의 말을 이해하지 못한 경험이 있는가?

021.

Johann Wolfgang von Goethe

수준 높은 어른의 삶은 언제나 조용하다.

괴테의 말

내가 흘린 단 한 가닥의 머리카락조차도 나의 그림자를 세상에 남긴다.
세상에서 '가장 비겁한 자'는
'가장 안전할 때'만 '가장 위압적'으로 변한다.

오늘의 필사

사려 깊은 어른이라면

자신도 모르게 나오는 사소한 행동과

한마디 말도 조심해야 한다.

누군가에게 위압적으로 구는 것은

자신의 수준이 낮다는 사실을

주변에 자랑하는 것과 같다.

차분하게 자신의 감정을

유지할 수 있는 지성인은

가장 어려운 상황에서도

가장 용기 있게 주어진 일을 해낸다.

오늘의 질문 • 차분하게 감정을 제어하려면 어떤 변화가 필요할까?

022.

Johann Wolfgang von Goethe

실천만이 내 생각이 옳았다는 사실을 증명한다.

괴테의 말

생각한 것을 그대로 행동에 옮기라.
생각하는 것은 쉽지만 그걸 행동으로 옮기는 건 어렵다.
세상에서 가장 힘든 것은 내 생각을 그대로 행동으로 옮기는 것이다.

오늘의 필사

아무리 좋은 식재료를 갖고 있어도

단순히 그걸 노려보는 걸로는

요리를 만들 수가 없다.

충분히 생각했다면

이제는 움직여야 한다.

생각으로는 무엇도 증명할 수 없다.

오직 실천하는 일상만이

나의 생각이 옳았다는 사실을

보여줄 수 있다.

단 한 번의 실천이

100마디 말보다 낫다.

오늘의 질문 • 때를 기다리다가 실천하지 못한 경험이 있는가?

023.

Johann Wolfgang von Goethe

스스로에게 투자한 정성은 다시 내게 돌아온다.

괴테의 말

바다로 출항하는 선택에는 반드시 위험이 뒤따른다.
그러나 출항하지 않으면 어떤 결과도 기대할 수 없다.

오늘의 필사

젊을 때는 딱 한 번이라도
치열하게 살아봐야 한다.
지금도 늦지 않다.
시작이라는 말과 늦었다는 말은
공존할 수 없으니까.
흘러가는 시간보다
귀한 하루를 살아보자.
내가 정성을 다해 하루를 살면
훗날 그 하루가
정성을 다해 나를 지켜준다.

오늘의 질문 • 하루에 정성을 다하려면 내게 어떤 말을 들려줘야 할까?

024.

Johann Wolfgang von Goethe

눈에 보이지 않는 것을 보려고 노력하라。

괴테의 말

보이지 않는 것을 보려고 노력하라.
보이지 않는다고 없는 건 아니다.
우리는 자신이 아는 것만 볼 수 있다.

오늘의 필사

무언가에 반복적으로 화를 내는 이유는

그 대상에 문제가 있어서가 아니라

그 안에 있는 가능성과 가치를

제대로 볼 능력이 내게 없기 때문이다.

나는 내가 아는 것만 볼 수 있으며

내가 해석할 수 없는 것들은

내 눈에 보이지 않는다.

볼 수 있는 게 많은 사람이 되자.

더 많이 받아들이고

더 깊게 이해할 수 있는 사람이 되자.

오늘의 질문 • 자꾸 습관적으로 화를 낸다면, 그 이유가 뭘까?

025.

Johann Wolfgang von Goethe

내가 존경하는 사람이 곧 내 수준이다.

괴테의 말

나보다 위에 있는 존재를 인정하지 않는다고 해서
내가 더 높이 올라갈 수 있는 것은 아니다.
오히려 나보다 높은 존재를 마음 깊이 존중함으로써
나를 그 수준까지 높일 수 있다.

오늘의 필사

누군가를 무시하며 자꾸 낮추면
나도 거기에 맞게 수준이 낮아진다.
나보다 수준 높은 사람들을 찾아서
더 많은 사람을 존경할 수 있어야
더 높은 수준으로 성장할 수 있다.
세상이 나를 알아주지 않는다고
불평할 필요가 조금도 없다.
나보다 수준 높은 사람을 찾지 못하는
나의 현실을 가슴 아파해야 한다.
마음 깊이 존경할 수 있어야
나도 그 수준까지 올라갈 수 있다.

오늘의 질문 • 내가 요즘 존경하는 사람은 누구이고, 존경하는 이유가 무엇인가?

026.

Johann Wolfgang von Goethe

예술을 통해서 지성을 지켜야 한다.

괴테의 말

음악과 시, 그림으로 자신을 지키라.
사람은 매일 아름다운 음악을 듣고 시를 읽으며
훌륭한 그림을 감상해야 한다.
그런 일상을 보내야만 신이 우리 영혼에 심은 아름다운 감각을
세속적인 근심으로부터 지킬 수 있다.

오늘의 필사

내가 가볍게 던지는 농담 한 조각에도

나의 지성이 모두 녹아 있다.

지적인 수준이 높은 사람은

한마디를 해도 품위 있게 한다.

이 혼란한 세상 속에서

그 고귀한 지성을 지키려면

예술을 곁에 두고 자주 즐겨야 한다.

아름다운 음악과 귀한 시를 읽고

훌륭한 그림을 감상하며

나의 지성을 지켜내야 한다.

오늘의 질문 • 예술을 좀 더 섬세하게 음미하려면 시선을 어떻게 바꿔야 할까?

027.

Johann Wolfgang von Goethe

나는 운명까지도 스스로 제어할 수 있다.

괴테의 말

기적은 늘 내 안에 있다.
당장 할 수 있거나 할 수 있다고 꿈꾸는 모든 일을 시작하라.
새로운 일을 시작하는 용기 속에
나의 천재성과 능력 그리고 기적이 모두 녹아 있다.

오늘의 필사

아무리 최악의 상황이라고 해도

내가 문제를 해결할 수 있다고

스스로를 믿는 동안에는

여전히 그걸 해낼 가능성이 존재한다.

가능성이 나를 버렸던 게 아니라

언제나 내가 가능성을 버렸던 것이다.

운명까지도 내가 스스로

제어할 수 있다고 굳게 믿자.

천재성과 기적은 모두

그 믿음과 용기 속에서 나온다.

오늘의 질문 • 최악의 상황에서도 용기를 내려면 어떤 태도를 가져야 할까?

028. Johann Wolfgang von Goethe

세상에서 가장 다정한 배우자가 되라.

괴테의 말

자신이 사는 집에 자기만의 세계를 가지고 있는 사람보다
더 행복한 사람은 없다.
결혼 생활은 난폭한 자를 온화하게 하고,
교양이 높은 사람에게 있어서 그 다정함을 증명하는 최상의 기회이다.

오늘의 필사

다정한 배우자와 함께 살면,

자신을 더 사랑하게 된다.

자존감도 더 탄탄해지고,

그걸 보는 아이들도 자연스레

그런 다정한 부모에게

사랑받으며 밝은 품성을 기른

근사한 사람으로 성장한다.

내가 먼저 다정한 배우자가 되자.

그게 우리 가정을 위한

가장 아름다운 선택이니까.

오늘의 질문 • 나의 배우자가 가장 좋아하는 다정한 말은 무엇인가?

029.

Johann Wolfgang von Goethe

한계를 극복해야 다른 단계에 도전할 수 있다.

괴테의 말

노래를 배울 때 자기 목청에 맞는 음이라면 어렵지 않게 노래할 수 있다.
그러나 목청에 맞지 않는 음을 내기란 매우 어려운 일이다.
하지만 가수를 목표로 삼았다면 반드시 자신의 한계를 극복해야 한다.
어떤 음이라도 편안하게 낼 수 있어야 하기 때문이다.

오늘의 필사

누구나 흉내 낼 수 있는 수준에서는
누구나 볼 수 있는 세계만 볼 수 있다.
느리게 성장하는 것을 걱정하지 않고
자신의 가능성을 믿고
꾸준히 스스로를 성장시킨 사람들은
아무나 볼 수 없는 세계를 볼 수 있다.
자기 업에서 성공하고자 결심했다면
끝없이 한계를 극복하면서
어떤 어려운 일이 주어져도
편안하게 해낼 수 있는
높은 수준에 도달해야 한다.

오늘의 질문 • 현재 나의 한계를 극복하기 위해 필요한 건 무엇인가?

030.

Johann Wolfgang von Goethe

누구나 살 수 있는 삶에서 벗어나자.

괴테의 말

누구나 특별한 삶을 욕망하지만 모두가 성장을 위해 노력하지는 않는다.
확실한 일을 실행할 힘은 누구에게나 있다.
'누구나의 삶'에서 벗어나고 싶다면 불확실한 일에 도전해야 한다.

오늘의 필사

'누구나 살 수 있는 삶'에서 벗어나

'나만 가능한 삶'에 도착하고 싶다면

힘들고 어렵게 느껴지는 일에

강력한 믿음을 품고 도전해야 한다.

그리고 끝없이 자신에게 질문해야 한다.

"나는 왜, 무엇 때문에 이걸 해야 하는가?"

성장하려면 늘 배워야 하고

내가 왜 배워야 하는지

그 이유의 가치를 알고 있어야 한다.

가치를 아는 사람은

자신이 가진 모든 것을

투자할 수 있기 때문이다.

오늘의 질문 • 내 삶의 가치는 어디에 있는가?

031.

Johann Wolfgang von Goethe

사소한 일은 사소한 시간에 해결하라.

> **괴테의 말**
>
> 사람의 욕망은 원래 끝이 없다.
> 다만 분명한 목표를 가진 사람은 자기 욕망의 한계점을 정할 수 있다.
> 내게 주어진 30분이 사소한 시간이라고 무시하지 말고
> 그 시간에 사소한 것이라도 처리하는 것이 현명하다.

오늘의 필사

가지지 못한 것에 대한 욕망으로
자신을 망치는 사람이 가장 미련하다.
분명한 목표가 있다면 차근차근
하나하나 성취하면 된다.
나는 내게 주어진 시간이 짧다고
불평하거나 한탄하지 않는다.
한 시간이라는 시간이 주어지면
한 시간 동안 할 수 있는 일을 하면 된다.
불평할 시간을 아껴서 도전에 투자하자.
사소하다고 생각하는 시간에
사소한 일을 해결하며 하루를 살면
그 하루가 점점 농밀해진다.

오늘의 질문 • 나는 그간 어떤 시간을 사소하게 생각하고 있었나?

032.

Johann Wolfgang von Goethe

약자를 대하는 태도가 곧 그의 지적 수준이다.

괴테의 말

남에게 아무것도 해줄 수 없는 약자를 어떻게 대하는지를
아주 조금만 살펴봐도 그 사람의 수준을 짐작할 수 있다.

오늘의 필사

진짜 어른은 강자와 약자를

같은 원칙으로 대한다.

힘이 약한 사람이라고

강요하지 않고

힘이 강한 사람이라고

굽신대지 않는다.

살다 보면 힘든 시기가

누구에게나 찾아오며

그런 사람이 주변에 있다면

따뜻한 한마디 말이라도 선물하는 것이

진짜 어른의 풍모다.

오늘의 질문 • 나는 어떤 말을 들었을 때 가장 힘이 나는가?

033.

Johann Wolfgang von Goethe

세상 모든 것으로부터 배울 수 있어야 한다.

> **괴테의 말**

자신이 최고라고 생각하는 자는 위험하다.
자신의 일을 먼저 경험한 선배의 지혜를 빌리지 않고
실패를 반복하며 방황할 가능성이 높기 때문이다.
어리석은 선택은 이제 그만하라.
먼저 그 일을 시작한 선배들의 경험을 활용하여
같은 실패와 시간 낭비를 반복하지 않고
좀 더 높은 수준의 결과를 만들어야 한다.

> **오늘의 필사**

나는 아직 배울 게 많은 사람이다.

나는 언제든 틀릴 수 있으니,

내가 살아가는 삶을 먼저 경험한

인생의 선배들에게 가르침을 구해야 한다.

실패는 좋은 것이지만

세상에 같은 실패의 반복보다

미련한 결과는 없다는 사실을 기억하자.

마음만 활짝 열고 세상을 바라보면

어린아이에게도 배울 수 있고

자연을 통해서도 깨달음을 얻을 수 있다.

오늘의 질문 • 내 주변에는 어떤 선배들이 있나?

034. Johann Wolfgang von Goethe

생기와 열정이 젊은 시절에 주어지는 이유.

괴테의 말

모든 것은 더 젊었을 때 구해야 한다. 젊음은 그 자체가 하나의 빛이다.
그 빛이 흐려지기 전에 최대한 많은 것을 찾아서 쌓아야 한다.
젊을 때 많은 것을 축적한 사람은 풍성한 노년을 행복하게 즐길 수 있다.

오늘의 필사

"너무 늦은 게 아닐까요?"

이런 질문조차 사치다.

하루라도 젊을 때 좀 더 분투하자.

살아 있다는 것은 여전히 내게

빛이 남아 있다는 증거다.

가능하다. 가능하다. 다 가능하다.

다채롭게 빛나는 노년을 살고 싶다면

오늘을 아끼지 말고 남김없이 다 사용하라.

생기와 열정은 그래서

젊은 시절에 주어진 것이다.

오늘의 질문 • 나의 청춘을 한마디로 압축해서 표현한다면?

035.

Johann Wolfgang von Goethe

매일 아침 가장 예쁜 생각으로 하루를 시작하라.

괴테의 말

아침에 일어나 처음 생각한 것이 나의 하루를 결정한다.
내가 반복한 생각은 반드시 내 삶에 결정적인 영향을 미친다.
세상에서 가장 행복한 사람은 남의 장점을 진실로 존중하며
남의 기쁨을 나의 것인 것처럼 기뻐하고 즐기는 사람이다.

오늘의 필사

늙어서 매사에 신경질적으로 반응하는 건

지금까지 오랫동안

부정적인 시선으로 살았다는

세상에서 가장 슬픈 증거다.

사람은 자신이 살던 그 모습으로 죽는다.

아름답게 마무리를 하고 싶다면

매일 아침에 좋은 생각을 하며

하루를 예쁘게 시작하자.

아침에 일어나 그날의 제목을 정하고

그대로 사는 것도 아주 좋은 방법이다.

기쁨과 행복이 가득한 말로 하루를 열자.

오늘의 질문 • 앞으로 나는 어떤 말로 하루를 열어갈 것인가?

036.

Johann Wolfgang von Goethe

금에는 금박을 입히지 않는다.

괴테의 말

내가 지금 갖고 있는 모든 지식은
누구나 시간을 투자하면 가질 수 있는 모두의 것이지만
나의 마음만은 오직 나만의 것이다.

오늘의 필사

내게 실력이 있다면

세상이 모를 수가 없고

내게서 빛이 난다면

사람이 모이지 않을 수가 없다.

결국 스스로 나아져야 한다.

어떤 설명이나 설득도 필요 없다.

금에는 금박을 입히지 않는 법이니까.

스스로 가슴에 빛을 품은 존재가 되어

햇살 아래에서도 그보다 빛나는 사람이 되자.

오늘의 질문 • 나는 내게서 어떤 빛이 나기를 바라는가?

037.   Johann Wolfgang von Goethe

어중간한 인생이 가장 나쁘다.

괴테의 말

바보와 현명한 자들은 우리 삶에 피해를 주지 않는다.
가장 위험한 사람들은 바로
어중간한 바보와 어중간하게 현명한 사람들이다.

오늘의 필사

어중간한 사람들의 특징은
어디에서 들은 것만 많다는 데 있다.
어중간한 사람들은 언제나
어디서 들어본 것을 말하지만,
지혜로운 사람들은
자신이 생각하고 경험한 것을 말한다.
생각과 경험이라는 통로를 지나야
모든 정보와 지식은 가치를 발한다.
삶이 깊어져야 지식과 정보를
다양하게 변주할 수 있게 되어
더 깊은 인생을 살 수 있다.

오늘의 질문 • 나는 물음표가 있는 하루를 살고 있는가?

철학이 삶의 언어가 될 때

2부

⟨ 니체, 마인드셋 ⟩

네 운명을 사랑하라

Friedrich Wilhelm Nietzsche

내 운명을 사랑할 수 있도록
변화를 불러오는
니체의 말들

니체를 대표할 수 있는 말, "네 운명을 사랑하라"라는 말은 참 다양한 시각이 녹아 있는 문장이다. 대부분의 사람들은 이 말을 '주어진' 운명을 그대로 받아들여야 한다는 의미로 이해하곤 한다. 하지만 이 말은 성장의 관점에서 보면 전혀 다른 의미와 의도를 찾아낼 수 있다. 성장을 통해 나 자신을 구성하는 모든 것을 사랑할 만한 가치가 있는 것으로 바꾼다고 생각해보자. 그러면 이 말을 "네게 주어진 운명을 사랑해야 한다"라는 의미가 아니라 "네가 그토록 바라던 모습으로 변해가는 성장의 나날을 사랑하라"라는 의미로 해석할 수 있기 때문이다.

  모든 사람이 그저 주어진 대로만 산다면 어떤 변화와 창조도 이루어지지 않을 것이다. 그래서 니체의 말을 읽을 때는 '마인드셋'의 관점에서 읽는 게 참 중요하다. 관점을 바꾸면 전혀 다른 지점이 보이고, 그걸 해내지 못한 사람들보다 몇 배는 생산적인 독서와 필사를 즐길 수 있기 때문이다.

  마인드셋을 바꾸는 데 꼭 필요한 니체의 말 여섯 개를 소개하니, 낭독과 필사를 통해 씨앗을 심듯 내면에 심어보자.

1. 자신을 극복하는 사람은 언제나 자신을 초월한다.
2. 절벽을 짓는 사람은 추락을 사랑해야 한다.
3. 나를 죽이지 못하는 고통은 나를 더 강하게 만든다.
4. 절망에 빠져 있는 사람을 보게 되면, 어느 누구라도 용기가 치솟게 된다.
5. 우리에게 가장 두려운 것은 사랑이 깨지는 것이 아닌 사랑이 변하는 것이다.
6. 당신이 많은 것을 담고자 한다면 하루는 100개의 주머니를 가지고 있다.

어떤가? 하고자 하는 사람에게는 기회나 가능성이 주어지지만, 하지 않으려고 하는 자에게는 안주와 후퇴만 있을 뿐이다. 니체의 말들은 얼핏 보면 가차 없고 차가워 보일 수 있지만, 결코 암울하거나 부정적이지 않다. 차분하게 하나하나 읽다 보면 그 속에 담긴 사랑과 희망이 느껴진다. 다만 니체가 말하는 '변화'는 쉬운 게 아니다. 니체는 그 과정을 이런 말로 표현했다.

"내가 항상 누군가에게 귀로 들었고
지금까지 그렇게 실천한 것처럼
철학을 한다는 것은
얼음 덮인 산꼭대기 위에서
고요히 살아가는 것이다."

철학이란 곧 삶이다. 곧 니체가 말하는 '산다는 것'은 얼음 덮인 산꼭대기 위에서 고요히 살아가는 것과 같다. 변화는 혼자만의 것이다. 다른 누군가에게 신경을 쓰거나 경쟁할 필요도 없다. 아주 고요히 조금씩 스스로를 바꾸면 된다.

그렇다, 지금까지와는 다른 길일 것이다. 진짜 나를 찾아 삶의 의미를 회복하고 싶다면 익숙한 길에서 벗어나야 한다. 떠남을 선택하지 못한 자는 결국 떠남을 강요받게 된다. 그땐 이미 늦다. 언제나 시작은 바로 지금이다.

038.

Friedrich Wilhelm Nietzsche

잠자는 척을 하는 사람은 누구도 깨울 수 없다.

니체의 말

설득력이 뛰어난 논리적인 문장을 쓰는 기술을 아무리 배웠다고 해도
논리적인 글을 쓸 수 있는 것은 아니다.
표현이나 문장의 수준을 이전보다 나아지게 하려면
기술을 배우기 이전에 자신의 머릿속을 개선하는 일이 우선이다.

오늘의 필사

모든 사람은 다 깨울 수 있어도

잠자는 척을 하는 사람은 깨울 수 없다.

변화와 성장을 스스로 포기한 사람에게는

어떤 최신 기술을 알려줘도 소용이 없다.

좋은 글을 쓰고 싶다면

문해력과 어휘력을 높이고 싶다면

그걸 받아들일 수 있는 나를

먼저 만들어야 한다.

세상에 불가능한 것은 없고

노력해서 이루지 못할 것도 없다.

마인드를 리셋해야

새로운 나를 만날 수 있다.

오늘의 질문 • 스스로 꼭 바꾸고 싶은 태도가 있다면?

039.   Friedrich Wilhelm Nietzsche

동사의 삶을 시작해야 하는 이유.

> **니체의 말**
>
> 자신을 믿어야 한다.
> 인생에서 최대의 성과와 기쁨을 수확하는 비결은
> 위험한 삶을 사는 데 있다.

> **오늘의 필사**

작가라는 명사를 가지려면

글쓰기라는 동사를 실천해야 한다.

동사를 품에 안으면,

명사는 저절로 따라온다.

하지만 동사를 그저 스쳐 보내면,

명사는 영원히 만날 수 없다.

동사의 삶은 위태롭고 험난하다.

그렇다 해도 그 삶을 선택하지 않으면

나는 아무것도 이룰 수가 없다.

세상에서 가장 강한 자는

자신을 믿는 사람이다.

모두가 속이고 배신하더라도

나는 나를 믿고 동사의 삶을 살아야 한다.

오늘의 질문 • 내 삶을 대표하는 동사는 무엇인가?

040.

Friedrich Wilhelm Nietzsche

오래된 나를 떠나야 한다.

니체의 말

뱀이 허물을 벗지 못하면 결국 죽음을 맞이하게 되듯이
인간도 오래된 사고라는 허물에 갇히면 안에서부터 썩기 시작해서
결국 죽게 된다.

오늘의 필사

그게 그거지.
특별한 게 있겠어.
그냥 대충 사는 거지.
나는 이런 식의 말을 하지 않는다.
나의 언어는 곧 나의 세계다.
늘 오래된 사고에서
벗어나려고 분투해야 한다.
허물에 갇히면 다른 세계가 없다고 생각해서
점점 시야가 좁아진다.
내가 펼칠 수 있는 언어의 한계가
곧 내가 살아갈 세계의 한계를 결정한다.

오늘의 질문 • 나의 오래된 나쁜 습관은 무엇인가?

041.

Friedrich Wilhelm Nietzsche

같은 책을 읽어도 다른 곳에 줄을 치는 사람.

> **니체의 말**
>
> 젊은이를 타락으로 이끄는 가장 좋은 방법은
> 다르게 생각하는 것을 가르치지 않고
> 사고방식이 같은 사람을 존경하게 만드는 것이다.

오늘의 필사

길을 떠나야 하는데 눈이 내리면
누군가는 쌓인 눈이 녹을 때까지 기다리지만,
거침없이 눈을 밟고 가면서
스스로 누군가의 길이 되는 사람도 있다.
사고방식은 한 사람의 운명과도 같다.
다른 방법이 있다는 사실을 숨기고
늘 같은 방식으로 생각하게 만들면
그는 영원히 제자리를 벗어날 수 없다.
나는 같은 책을 읽어도
다른 곳에 밑줄을 치는 사람을 만난다.
다른 사고방식을 접해야
다른 세계를 만날 수 있기 때문이다.

오늘의 질문 • '나와 다른 곳에 밑줄을 치는 사람'이 내게는 얼마나 있나?

042.

Friedrich Wilhelm Nietzsche

사는 게 힘들어질수록 귀한 언어를 사용해야 한다.

니체의 말

사실이란 것은 없고 해석만 있다.
믿음은 거짓보다 위험한 진실의 적이다.
위대한 언어는 위대한 인간을 위해 심오한 언어는 심오한 인간을 위해
섬세한 언어는 섬세한 인간을 위해 존재한다.
세상에 존재하는 모든 귀한 언어는 귀한 인간을 위해 존재하기 마련이다.

오늘의 필사

사는 게 어렵고 세상이 흔들릴수록

무엇이 진실인지 알 수 없게 된다.

각자 자신에게 유리한 대로 해석해서

세상을 분열시키기 때문이다.

그래서 세상이 복잡하고 사는 게 어려울수록

좀 더 귀한 언어를 사용해야 한다.

수준 높은 언어가 내게 수준 높은 사람을 부르고

결국에는 살아가는 수준 역시 높여주어

진실만 가득한 삶을 살 수 있게 된다.

진실은 수준 높은 언어를 구사하는 사람의

내면에서만 살아갈 수 있는

지성의 증거다.

오늘의 질문 • 진실로 가득한 삶을 살기 위해서 나는 무엇을 해야 하나?

043.
Friedrich Wilhelm Nietzsche

자기 자신의 감정을 믿고 지지하라.

> **니체의 말**
>
> 원한에 사무친 열정보다 사람을 더 빨리 소모시키는 것은 없다.
> 스스로가 풍요롭고 강하다는 분명한 확신을 가질 때
> 상대에게 증오심을 느끼지 않는다.
> 인간의 행동은 약속할 수 있지만 인간의 감정은 약속할 수 없다.

오늘의 필사

모든 열정이 다 좋은 건 아니다.
순수한 열정이어야 내 삶에 도움이 된다.
질투나 원한으로 생긴 에너지는
결국에는 나 자신을 파괴할 뿐이다.
마음을 차분하게 유지하자.
그리고 주문처럼 자신에게 들려주자.
나의 내면은 질투보다 강하고
나의 세계는 내 생각보다 풍요롭다.
내가 나의 감정을 믿고 지지한다면
나의 행동까지 올바르게 통제할 수 있다.

오늘의 질문 • 내 안에 좋은 감정만 남겨두려면 어떻게 해야 할까?

044.

Friedrich Wilhelm Nietzsche

하루를 웃으며 시작해야 하는 이유.

니체의 말

내가 오랫동안 심연을 들여다볼 때 심연 역시 나를 들여다본다.
삶이 아무리 불완전할지라도 나는 그 불완전함마저 사랑해야 한다.
오늘 가장 기분 좋게 웃는 자는 최후에도 역시 웃을 것이다.

오늘의 필사

자꾸만 불안하다고 생각하면
나도 모르게 내 삶이
점점 더 불안하게 변한다.
나는 내게 주어진 모든 감정과 상황을
사랑하는 눈으로 내면에 담아야 한다.
기분 좋은 웃음으로 시작하면
웃음의 신이 나를 반기고,
불완전하게 시작한 내 삶이
조금씩 완전해진다.

오늘의 질문 • 최근 나는 웃음으로 가득한 하루를 보내고 있나?

045.

Friedrich Wilhelm Nietzsche

변하지 않는 강한 신념은 오히려 오만이다.

니체의 말

강한 신념이야말로
거짓보다 더 위험한
진리의 적이다.

오늘의 필사

세상은 지금도 변하고 있다.
무언가에 대한 절대로 변하지 않는
단 하나의 마음은
오히려 내게 위험하다.
변하지 않는 신념은 오만이자
아예 귀를 막고 사는 것과 같다.
신념을 갖고 사는 것은 좋지만
맹신하는 건 위험하니,
타인이 가진 신념을 존중하면서
동시에 내가 가진 신념을 자주 돌아보며
잘 살고 있는지
끊임없이 확인해야 한다.

오늘의 질문 • 유연한 사람이 되려면 태도를 어떻게 바꿔야 할까?

046.

Friedrich Wilhelm Nietzsche

더 많은 책임을 지겠다는 마음으로 주변을 보라.

니체의 말

자기 책임을 회피하려 하지 않고
또한 타인에게 그 책임을 돌리려고 하지 않는 것은 고귀한 선택이다.
자유란 자기 책임에 대한 의지를 갖는 것이다.

오늘의 필사

남에게만 책임을 돌리는 사람은

스스로 주도한 일이 하나도 없다는

비참한 사실을 세상에 공개하는 것과 같다.

나는 내가 책임을 지는 만큼

그 안에서 성장할 수 있다.

행복한 마음으로 일하고

웃으며 책임을 지는 사람의 인생은

언제나 행복하다.

책임을 지지 않고 산다면

진정한 자유를 누릴 수 없고

평생을 노예처럼 살아야 한다.

책임의 반경이 곧 성장의 반경이다.

오늘의 질문 • 내가 생각하는 책임의 정의는 무엇인가?

047.

Friedrich Wilhelm Nietzsche

시간의 주인으로 사는 삶을 시작하라.

니체의 말

알맞은 정도의 소유는 인간을 자유롭게 한다.
다만 도를 넘어서면 소유가 주인이 되고
오히려 소유하는 자가 노예가 된다.

오늘의 필사

자신의 속도를 믿고 노력하면

시간도 나의 편이 되어

내게 자유와 평온을 주지만,

노력한 것보다 더 많은 것을 가지려

욕심을 부리면

자꾸만 마음이 급해지면서

시간의 노예가 되어 살게 된다.

무엇이든 알맞게 소유하면

마음이 차분해지며

시간의 주인으로 살 수 있지만,

과도하게 바라고 욕망하면

시간의 노예가 되고 만다.

오늘의 질문 • 매일 나는 내 시간의 용도를 스스로 선택하고 있는가?

048.

Friedrich Wilhelm Nietzsche

뭐든 관통하려는 시도를 해야 한다.

> **니체의 말**
>
> 사람은 자기가 극복했던 일에 대해서만 말해야 한다.
> 한낮의 빛이 어둠의 깊이를 어찌 알 수 있겠는가.

> **오늘의 필사**

스친 것만으로는 제대로 알 수 없다.

관통해서 치열하게 마찰한 후

겨우겨우 극복해야 비로소

내가 경험한 것이 무엇인지

말할 자격을 갖게 된다.

어두운 나날 속에서 깨달은

삶의 진리와 지혜는

이 어둠을 관통한 후에야

진짜 나의 것이 된다.

그러므로 나는 지금

고통의 시간을 보내는 게 아니라,

이것에 대해서 말할 자격을

치열하게 얻는 중이다.

오늘의 질문 • 고통의 시간을 보낼 때 나를 가장 뒤흔드는 것은 무엇인가?

049.   Friedrich Wilhelm Nietzsche

나는 나를 파괴하거나 구원할 수 있다.

니체의 말

악인에게는 자신을 증오한다는 공통점이 있다.
자신을 미워하고 있으니 나쁜 짓을 하는 것이다.

오늘의 필사

일상의 곳곳에서 악인을 만날 때마다
굳이 그들에게 화를 내거나
분노할 필요는 없다.
그들이 나쁜 행동과 말을 하는 이유는
내가 아니라 그들 자신에게 있기 때문이다.
우리가 고생하는 자신을 자꾸만
날카로운 말로 괴롭히는 이유도 거기에 있다.
그가 악인인 이유가 그에게 있듯
내가 힘든 이유도 모두 내 안에 있다.
스스로를 제대로 볼 수 있어야 한다.
나만이 나를 파괴할 수 있으며
나만이 나를 구원할 수도 있다.

오늘의 질문 • 힘든 나를 구원하려면 어떤 무해한 말을 들려줘야 할까?

050.

Friedrich Wilhelm Nietzsche

부부 생활은 아주 긴 대화와 같다.

> **니체의 말**
>
> 부부 생활은 길고 긴 대화와도 같다.
> 결혼 생활에서 다른 모든 것은 변하지만,
> 함께 있는 시간의 대부분은 대화에 속한다.

오늘의 필사

다른 모든 것이 아무리 좋다 해도

말이 통하지 않으면

잠시도 함께 살기 힘들다.

대화를 하지 않으면

마음을 나눌 수 없으니,

살아가는 나날이

고통의 나날이 되기 때문이다.

말의 내용도 중요하지만 말투에 더 신경을 쓰며

매일 서로에게 조금씩 더 가까이

다가가려는 노력을 해야 한다.

오늘의 질문 • 나의 말투는 스스로 생각했을 때 어떤가?

051.

Friedrich Wilhelm Nietzsche

시작과 과정까지 아름다워야 결과가 빛난다.

니체의 말

괴물과 싸우는 사람은 그 과정에서
자신마저 괴물이 되지 않도록 주의해야 한다.
분개한 사람만큼 거짓말에 능한 사람은 없다.

오늘의 필사

목적이 아무리 선해도
그 과정이 선하지 않다면
결과가 아름다울 수 없다.
선한 마음을 유지할 수 있어야 하고,
거짓으로 현실을 외면해서는 안 된다.
늘 처음 마음을 유지할 수 있도록
돌아보고 또 돌아보며 살자.
진실만 바라보며 걷자.
거짓은 자신을 이용하려는 자를
분개하게 만들지만,
진실은 자신을 품은 자에게
평온한 마음을 선물한다.

오늘의 질문 • 다른 사람이 지금 내 상황에 있다면 어떤 선택을 할까?

052.

Friedrich Wilhelm Nietzsche

스스로를 믿고 네 운명을 사랑하라.

> **니체의 말**
>
> 위대한 인간이란 역경을 극복할 줄 아는 동시에
> 그 역경을 사랑할 줄 아는 사람이다.
> 나를 파괴하지 못하는 것은 무엇이든지 나를 강하게 만들 뿐이다.
> 네 운명을 사랑하라.

> **오늘의 필사**

세상에 끝나지 않는

고난과 슬픔은 없다.

나를 사랑하는 마음을

가슴에 가득 품고

담대하게 하루를 살자.

나는 내게 주어진 모든 운명을

진실로 사랑한다.

자신의 운명을 사랑하는 자에게

모든 역경은

지나가는 작은 바람일 뿐이다.

오늘의 질문 • 나는 정말 나의 모든 운명을 사랑하고 있나?

053.

Friedrich Wilhelm Nietzsche

우선 나대로 잘 살아가자.

> **니체의 말**
>
> 큰 일에서나 작은 일에서나 나는 단지 긍정하는 자가 되고자 한다.
> 창조를 위해서는 스스로 괴로워해야 하며
> 이전에 없던 많은 변화가 요구된다.

> **오늘의 필사**

젊을 땐 누구나 이런 생각을 한다.

"최선을 다해 열심히 노력하지만

늘 결과가 좋지 않아서

어렵게 사는 사람들을 돕고 살아야지."

그러나 그 생각은 마흔 이후 바뀐다.

노력해도 힘들게 사는 그 주인공이

바로 나라는 슬픈 사실을

깨닫기 때문이다.

아무리 세상이 달라져도 진리는 하나다.

다들 알아서 열심히 살고 있으니,

나 또한 나대로 열심히 살면 된다.

"나나 잘하자."

오늘의 질문 • 내가 꿈꾸는 성공한 나의 모습은 어떤 것인가?

054.
Friedrich Wilhelm Nietzsche

더 크게 성장하는 사람들의 젊은 시절은 더 아프다.

> **니체의 말**
>
> 나의 삶은 또 하나의 사상이다.
> 친구들이여, 우리는 우리가 젊었을 때 가장 고통스러웠다.

> **오늘의 필사**

젊은 시절이 고통스러운 이유는

나라는 세계가 점점 확장하면서

하나의 사상으로 만들어지는

귀중한 시기이기 때문이다.

주변 사람들을 대하는 태도와

실수한 후 대처하는 방식,

내가 자주 읽는 책과

인연을 맺고 살아가는 사람들이

모두 모여서 결국 나의 사상이 된다.

인생을 아름답게 바꾸고 싶다면

내가 살아가는 하루를 바꿔서

그런 삶을 살 수 있는 사상을 만들면 된다.

오늘의 질문 • 지금까지 살아왔던 인생을 한마디로 압축한다면?

055.

Friedrich Wilhelm Nietzsche

세상은 해석하는 자의 몫이다.

니체의 말

사람은 쾌락이라 하면 정욕을 생각하고
감각이라 하면 육감적인 것을 생각한다.
또한 육체라고 하면 아랫배를 생각한다.
결국 이 세 가지 좋은 것 때문에 명예를 빼앗기고 만다.

오늘의 필사

세상에 존재하는 모든 문장의 해석은

결국 읽는 자의 몫이다.

내가 가진 언어의 수준이

내가 살아갈 세상의 수준을 결정한다.

내가 생각하는 최고의 쾌락은

조용한 곳에서 책을 읽으며

깊은 사색에 잠기는 것이고,

세상이 말하는 감각을 나는 언제나

같은 것을 보더라도 섬세한 시선으로

다른 것을 발견해내는 능력이라고 생각한다.

또한 육체는 나의 정신을

단단하게 잡아주는 버팀목과 같다.

오늘의 질문 • 어떻게 해야 내가 처한 현실을 개선할 수 있을까?

056.

Friedrich Wilhelm Nietzsche

가장 선한 마음이 가장 강한 힘이다.

니체의 말

선에도 강하고 악에도 강한 것이 가장 강력한 힘이다.
가장 치열한 전투는 자신과의 전투다.
인간은 자신의 한계를 넘어서기 위해 태어난 존재다.

오늘의 필사

강하다는 건 승부에서
늘 이긴다는 말이 아니다.
상대의 아픈 마음을 배려하며
기꺼이 져줄 수 있어야
진짜 강한 사람이라고 말할 수 있다.
자신의 한계를 넘어선 자만이
자신과의 전투에서 이길 수 있고
소중한 사람들의 성장을 위해
아름답게 질 수도 있다.
모든 선행 안에는 강한 힘이 존재한다.

오늘의 질문 • 나는 이 세상에 어떤 기여를 하고 싶은가?

057.

Friedrich Wilhelm Nietzsche

훌륭한 친구와 아내를 가진 사람을 곁에 두라.

니체의 말

훌륭한 친구를 가진 사람은 반드시 훌륭한 아내(남편)를 얻는다.
부부 사이를 좋게 만드는 재능과
친구 사이를 좋게 만드는 재능은 다르지 않기 때문이다.

오늘의 필사

마음을 나눌 수 있어야

좋은 관계라고 부를 수 있다.

마음을 나눌 친구가 있는 사람은

결혼을 해도 배우자에게

그런 존재가 되어줄 수 있다.

좋은 배우자를 만나고 싶다면

상대에게 마음을 나눌

좋은 친구가 있는지 보라.

오늘의 질문 • 내가 생각하는 좋은 친구의 기준은 무엇인가?

058.

Friedrich Wilhelm Nietzsche

혼자 설 수 없는 사람들이 무리를 만든다.

니체의 말

타인에 대한 비난과 험담은 껍데기만 있을 뿐 사실이라는 알맹이가 없다.
안이하게 살고 싶다면 항상 군중 속에 머물러 있으라.
군중에 섞여서 아예 너 자신을 잃어버리라.

오늘의 필사

타인을 비난하는 사람들을 보면

언제나 무리를 지어 다닌다.

무리에 속하지 않을 때의 나약한 자신을

도저히 마주할 용기가 없기 때문이다.

홀로 두렵고 나약해지는 순간도 오겠지만,

나는 나를 잃지 않을 것이다.

누구도 비난하거나 험담하지 않고

군중에 함부로 섞이지 않으며

나의 색을 유지할 것이다.

오늘의 질문 • 어떤 힘든 상황에서도 나는 혼자 설 수 있는가?

059.

Friedrich Wilhelm Nietzsche

내가 나를 사랑하는 순간 모든 것이 바뀐다.

니체의 말

반드시 모든 사람들에게 사랑받아야 한다고 생각하지 말라.
무리하게 애쓰지 않고 평소의 자세로 담담히 지내는 것이 최선이다.
우리가 고독한 이유는 자기 자신을 제대로 사랑하지 못하기 때문이다.
자신을 진실로 사랑하면 천국에서는 물론이고
현실에서도 보답을 받게 된다.

오늘의 필사

내게 필요한 건 타인의 사랑이 아니라

나 자신의 따스한 사랑이다.

타인의 사랑은 언제든 끝날 수 있지만

자신을 사랑하는 마음은

영원히 끝나지 않는 아름다운 노래와 같다.

내가 나를 사랑하는 순간

내가 머무는 공간은 천국이 되며

깊은 고독과 슬픔 속에서도

홀로 행복할 수 있다.

오늘의 질문 • 나는 나를 사랑하는 방법을 알고 있나?

060.

Friedrich Wilhelm Nietzsche

호불호가 분명한 삶이 더 귀하다.

니체의 말

타인의 생각에 의지하는 것으로는 자기 세상을 주도할 수 없다.
위대해지려면 방향을 결정해야 한다.
너의 내면은 지금 무엇을 알리고 있는가?
본래의 너 자신이 되어야 한다.

오늘의 필사

고만고만한 것들은 대부분

이렇다 할 특색이 없어서

굳이 선택할 가치를 느끼지 못한다.

또한 모두가 좋아하는 것들은

주변에 워낙 많기 때문에

너무나 쉽게 대체가 가능하다.

나라는 존재와 내가 만든 것들을

싫어하는 사람이 있다는 건,

나에 대한 세상의 호불호가

분명하다는 사실이며

분명한 나만의 매력을 무기 삼아서

선명하게 살고 있다는 증거다.

오늘의 질문 • 나는 무엇을 하기 위해서 세상에 나왔는가?

061.

Friedrich Wilhelm Nietzsche

어떤 논리적인 불평도 일을 해결할 수는 없다.

> **니체의 말**
>
> 하늘을 나는 법을 배우려는 사람은
> 우선 서서 걷고 달리며 높은 곳을 올라가야 하고,
> 춤추는 것을 배워야 한다.
> 사람은 곧바로 날 수 없다.

오늘의 필사

차근차근 시작하자.
'사람이 어떻게 하늘을 날 수 있어?'
의심만 하며 시작하지 않는 사람들은
언제나 불평만 하며 하루를 소모한다.
하지만 생각이 멋진 사람들은
일단 기초인 걷기부터 시작한다.
걸어야 뛸 수 있고
높은 곳에 올라갈 수도 있기 때문이다.
처음 결심한 것처럼 날지 못할 수도 있다.
하지만 나는 불평만 하며
인생을 소모하지 않는다.
일단 시작하면 비록 날지 못할 수는 있어도
치열하게 걷고 뛰며 나를 단련할 수는 있으니까.

오늘의 질문 • 내게 가장 완벽한 하루는 어떤 날인가?

062.

Friedrich Wilhelm Nietzsche

타인의 시선과 태도에 신경을 쓰지 말라.

> **니체의 말**
>
> 자신에 대한 세상 사람들의 평판에만 지나치게 신경을 써서
> 남들이 하는 이야기에 귀를 기울이는 건 좋지 않다.
> 타인이 나를 어떻게 생각하고 있는지 조금도 연연하지 말라.

> **오늘의 필사**

타인의 시선과 태도에 자꾸 신경을 쓰며

민감하게 반응하는 모습은

쫓아오는 사람이 없는 상황에서도

혼자 겁을 내며 도망가는 도둑과 같다.

아무도 내게 뭐라고 하지 않는다.

그리고 누가 뭐라도 한다 해도

내게 아무런 영향도 줄 수 없다.

나는 나의 내면에서 나오는 소리를 듣고

내 꿈이 이끄는 방향만 바라보며

나의 인생을 살면 된다.

오늘의 질문 • 내가 철석같이 믿는 것이 있는가? 그렇게 믿는 이유는 무엇인가?

063.

Friedrich Wilhelm Nietzsche

좋은 인생을 살면 저절로 좋은 글이 나온다.

> **니체의 말**
>
> 나는 피로 쓴 것만을 사랑한다.
> 글을 쓰려면 피로 쓰라.
> 그걸 실천한 사람만이 피가 곧 영혼임을 깨닫게 된다.

> **오늘의 필사**

좋은 글을 쓰려면

좋은 인생을 살아야 한다.

글이 삶이 되고

다시 삶이 글이 되어야 한다.

삶이라는 피를 글에 녹여내야 한다.

피로 쓰지 않은 글은

바람이 불면 사방으로 흩어지고

빗물이 흐르면 씻겨 사라진다.

영원히 사라지지 않고 빛나는

시간이 지켜주는 글을 쓰자.

오늘의 질문 • 나는 글이 될 수 있는 하루를 살고 있나?

064.

Friedrich Wilhelm Nietzsche

도움을 주려는 마음으로 살면 힘들 게 없다.

> **니체의 말**
>
> 사람의 마음에 사랑이 흐를 때 일의 결과는 점점 좋아지며
> 명령이나 복종 혹은 덕이 따를 수 없는 그 이상의 것을 해낼 수 있다.

오늘의 필사

너에게 도움이 되고 싶다.
어떻게 하면 도움이 될 수 있을까?
뭐든 이런 생각으로 시작하면
일상이라는 핏줄에
사랑이라는 피를 흐르게 할 수 있다.
삶이 힘들고 어려울수록
세상에 도움을 주려는 사람이 되자.
복종을 강요하거나 명령하지 않고
물이 흐르듯 서로를 따르는
아름다운 관계를 만들자.

오늘의 질문 • 요즘 무엇이 내 마음을 흔드는가?

065.

Friedrich Wilhelm Nietzsche

내가 배운 모든 것은 결국 공동의 재산이다.

니체의 말

공동 재산은 그 자체로 모순되는 표현이다.
공동의 것은 아무런 가치도 지니지 못한다.

오늘의 필사

책과 강연 또는 온갖 교실에서
내가 배운 모든 것은
배우면 누구나 알 수 있는
공동 재산과도 같다.
모두의 것이 아닌 나의 것을 만들어야 한다.
공동 재산만으로는 앞으로 나아갈 수 없다.
중요한 건 경험으로 깨닫는 것이다.
스스로 깨달은 것만이 나의 것이며
세상에 존재하는 수많은 사람들과
나를 구분할 수 있는
유일한 재산이라는 사실을 잊지 말자.
배웠으면 경험을 통해 깨달아야 한다.

오늘의 질문 • 요즘 나는 정말 중요한 일에 집중하고 있나?

066. Friedrich Wilhelm Nietzsche

나는 진짜 나의 인생을 살고 있다.

니체의 말

인생의 목적은 멈추지 않는 전진에 있다.
그 안에는 언덕이 있고 냇물과 진흙도 있다.
걷기에 좋은 길만 있는 것도 아니다.
거친 파도를 만나지 않고 편안한 항해만 하는 배는 없다.
파도는 언제나 전진하는 자의 친구다.
차라리 고난 속에 인생의 기쁨이 존재하니
고난이 깊을수록 내 가슴도 세차게 뛴다.

오늘의 필사

나는 성공이 아니라 실패를 만난 덕분에
진짜 나의 인생을 살게 되었다.
모든 계절이 다 살기 좋은 게 아닌 것처럼
삶이라는 바람도 때로는 나를 못 견디게 괴롭힌다.
그러나 바람은 언제나
그 자리에 서 있는 자의 친구다.
가슴에 뜨거운 꿈을 품고
생생하게 살아서 굳게 서 있는 자만이
고난을 만날 수 있고
성장하는 진짜 인생을 살 수 있다.
나는 하루하루 내가 만드는
성장의 나날과 과정을 굳게 믿는다.

오늘의 질문 • 지금 하고 있는 일은 진짜 나를 위한 일인가?

067.

Friedrich Wilhelm Nietzsche

위대한 생각과 목표일수록 공감받기 힘들다.

> **니체의 말**
>
> 세상을 바꿀 수 있는 위대한 사상은 대중의 이해를 구하기 어렵다.
> 모든 위대한 것들은 멀리 돌아가는 길에 목적에 다다른다.

> **오늘의 필사**

스스로 맞다고 생각한다면
굳이 타인의 이해를 구할 필요는 없다.
수준 높은 생각일수록
대중의 이해를 구하기 어렵다.
모두가 불가능하다고 말한다면
그건 오히려 내 목표와 생각이
그들이 받아들일 수 없을 정도로
수준 높은 것이라고 생각하면 된다.
당장 모든 것이
쉽게 이루어지지 않는 이유도
세상이라는 항구가 받아들이기에
내 목표와 생각이 크고 위대하기 때문이다.

오늘의 질문 • 내가 가진 꿈의 실현을 어떤 의심도 없이 확신하는가?

068.   Friedrich Wilhelm Nietzsche

진실을 외면한 대가는 생각보다 크다.

니체의 말

지성인이라면 적을 사랑할 수도 친구를 미워할 수도 있어야 한다.
침묵에 묻어버린 모든 진실은 자신에게 독으로 돌아온다.

오늘의 필사

경쟁자를 이기기 위해서
악의를 품은 자들은
때로 진실과는 다른 말을 한다.
내가 지지하는 자의 말만 믿고
상대방의 말은 듣지 않는다면
아무리 많은 지식을 쌓아도
악의를 품은 자의 삶과
크게 다르지 않은 인생을 살게 된다.
어리석은 선택을 하지 말자.
당장의 만족을 위해 진실을 외면하면
사는 나날이 더 어렵고 힘들어진다.

오늘의 질문 • 내 판단이 틀렸다면 그 이유는 무엇일까?

069.

Friedrich Wilhelm Nietzsche

스스로를 소유한 사람의 인생은 특별하다.

니체의 말

스스로를 소유하는 특권을 위한 대가는 아무리 비싸도 과하지 않다.
지혜와 친구가 되려면 침묵에 익숙해져야 한다.
스스로 정신을 단련해 인간의 한계를 뛰어넘는 초인이 되어야 한다.

오늘의 필사

초인이 되었다는 건

내가 남들보다 잘한다는 게 아니라

남들과 다른 삶을 선택했다는 사실을 의미한다.

나는 혼자일 때 나를

좀 더 제대로 볼 수 있고,

내가 무엇이 다르며

어떤 가치를 세상에 외칠 수 있는지

좀 더 분명하게 알 수 있다.

누구도 대신 경험해줄 수 없는

고독과 친구가 되는 이 시간을 통해서

나는 진짜 나로 새롭게 태어날 수 있다.

오늘의 질문 • 요즘 나는 나 자신과 어떻게 지내고 있나?

070.

Friedrich Wilhelm Nietzsche

어른은 허영심을 제어할 줄 아는 사람이다.

니체의 말

이 세상에서 가장 손상받기 쉬운 반면 정복되기 어려운 것은 인간의 허영심이다.

오늘의 필사

오늘 이룬 것을 쓰면 자랑이지만
오늘 분투한 과정을 글로 쓰면
그 하나하나가 모여서 브랜딩이 된다.
자랑을 하면 순간적으로 기쁘지만
브랜딩을 시작하면 오랫동안 기쁘다.
내가 해낸 것들에 대해서는 20퍼센트,
내가 분투한 것들에 대해서는 80퍼센트.
이 비율로 나를 설명하면,
내가 무엇을 추구하는 사람인지
세상에 좀 더 분명하게 보여줄 수 있다.
어른이 되려면 허영심을 제어해야 한다.
순간적인 것들에게 이별을 고하고
영원한 가치를 늘 손에 쥐고 살자.

오늘의 질문 • 최근 해냈던 일들 중에서 가장 뿌듯했던 것은?

071.

Friedrich Wilhelm Nietzsche

나는 지금 망하지 않을 근거를 쌓고 있다.

> **니체의 말**
>
> 초인이란 필요한 일을 견디며 나아갈 뿐 아니라
> 고난을 사랑하는 사람이다.
> 우리가 소에게 반드시 배워야 할 점이 있다.
> 그건 바로 깊이 반추(되새김)하는 것이다.

오늘의 필사

한 번에 갑자기 잘되면
한 번에 갑자기 망할 수도 있다.
빠르게 쌓으면 빠르게 무너지니까.
그러나 오랫동안 시도해서
공들인 성공을 하게 되면
망할 가능성이 매우 낮아진다.
내게 주어진 고난을 사랑하려면
늘 반추하며 돌아봐야 한다.
나는 지금 실패한 인생을 사는 게 아니라
망하지 않을 근거를
탄탄하게 쌓고 있는 것이다.
내가 보낸 시간이 나를
지켜줄 거라는 사실을 굳게 믿는다.

오늘의 질문 • 지금 하는 일을 계속해야 하나? 해야 한다면 그 이유는?

072.

Friedrich Wilhelm Nietzsche

지성인들이 관계의 폭을 좁히는 이유.

> **니체의 말**
>
> 인간은 곧은 판자를 만들 수 없을 만큼 옹이가 많은 나무로 자라난다.
> 다른 사람의 피를 이해하는 것은 결코 쉬운 일이 아니다.
> 그래서 나는 게으름을 피우며 책을 뒤적이는 사람들을 증오한다.

오늘의 필사

지성인이란 단순히 지식이 많은 게 아닌

자신이 가진 다양한 가능성을 사랑하는 사람들이다.

또 그들은 소중한 것들은 모두 무한하지 않다는

귀한 사실을 알고 있기에 낭비하지 않는다.

정말 소중한 사람에게만

자신의 유한한 시간과 마음을

선물처럼 안겨주려고 하기 때문에

지성이 깊어질수록 관계의 폭을

극단적이라고 할 정도로 좁히게 된다.

나는 모두의 만족을 위해서가 아니라,

소수의 소중한 사람들과 교류하며

마음을 나누려고 더 열심히 산다.

내게 게으름은 어울리지 않는다.

관계의 폭이 아닌 깊이를 추구하며 살자.

오늘의 질문 • 저녁식사에 한 사람을 초대해야 한다면 누구를 선택하겠는가?

073.

Friedrich Wilhelm Nietzsche

짜증이 심해질수록 더 빨리 늙는다.

니체의 말

계속해서 성장하지 않는 사람일수록 쉽게 싫증을 느낀다.
반면 멈추지 않고 성장하는 사람은 모든 순간 변화하기에
똑같은 사물을 대하면서도 조금의 싫증도 느끼지 않는다.

오늘의 필사

같은 상황에서도 좀 더 짜증을 많이 내는 사람은
결국 더 빨리 늙게 된다.
너무 예민해서 눈에 걸리는 게 많지만
적당히 스쳐 보낼 정도로 자신의 감정을
억제하며 참을 능력이 없기 때문이다.
이러면 사는 나날이 곧 자신을 망치는 나날이 되고,
아무리 좋은 것을 봐도 마음이 차분해지지 않는다.
매일 폭풍우 속에서 사는 것과 같으니
인생이 지옥처럼 괴롭게 느껴진다.
짜증이 심한 사람은 늙지 않는 게 오히려 이상하니,
"뭔가 이유가 있겠지."
"어떤 부분이 문제인 걸까?"
이런 문제 해결의 언어를 마음에 품고 세상을 보면
싫증과 짜증을 줄일 수 있다.

오늘의 질문 • 나를 짜증 나게 하는 것은 무엇인가?

074.

Friedrich Wilhelm Nietzsche

인생이 망가지고 있다는 건 매우 좋은 신호다.

니체의 말

모든 고난이 자취를 감추는 때를 상상해보라.
참으로 을씨년스럽기 짝이 없지 않겠는가?
운명아, 비켜라. 용기 있는 내가 간다!

오늘의 필사

폭풍우와 같은 고난이 닥치면
인생이 망가지기도 하지만,
반대로 생각하면 새롭게 시작할
멋진 기회를 갖게 되기도 한다.
내 삶에 폭풍우와 같은
엄청난 고난이 생긴 이유는,
지금 새롭게 시작해야 늦지 않기 때문이다.
모든 일에는 다 이유가 있고,
숨겨진 의미를 찾을 수 있는 사람은
언제나 위기 속에서도 기회를 잡는다.
그래서 좋은 기회는 언제나
안목을 가진 사람에게 특권처럼 주어진다.

오늘의 질문 • 고난의 시간을 통과하는 나에게 들려주고 싶은 말이 있다면?

철학이 삶의 언어가 될 때

3부

⟨ 비트겐슈타인, 수준 높은 언어 ⟩

느리게 읽을 때
나의 세계가 커진다

Ludwig Josef Johann Wittgenstein

삶의 의미를 회복할
나만의 언어를 찾는
비트겐슈타인의 말들

1911년, 비트겐슈타인은 영국 케임브리지대학으로 가서 영국의 철학자이자 대학자 버트런드 러셀 교수를 만났다. 당시 미래를 고민하던 비트겐슈타인은 러셀에게 자신의 인생을 바꿀 질문을 던졌다. 그들의 대화에서 우리가 배워야 할 가장 중요한 게 무엇인지 한번 찾아보라.

"저에게 철학적 재능이 있을까요?"

그의 질문에 러셀은 이렇게 답했다.

"글을 써 와!"

보통의 사람이라면 "이게 무슨 말이야?"라는 의문을 가질 수도 있었지만, 비트겐슈타인은 잠시도 머뭇거리지 않았다. 글을 써 오라는 러셀의 말이 "그래야 내가 판단할 수 있지!"라는 뜻이라는 걸 즉각 파악했던 것이다. 그는 곧바로 돌아가서 치열하게 글을 썼고 러셀에게 보여줬다. 비트겐슈타인의 글을 읽은 러셀은 그가 장차 위대한 철학자가 될 것이라고 확신했다. 단지 그가 쓴 글 하나를 읽고 반해서 "비트겐슈타인은 내 꿈, 바로 그 자체입니다!"라고 외치기도 했다.

자, 여기에서 우린 무엇을 배울 수 있을까. 그렇다. 바로 언어의 가치다. 내가 지금까지 배운 모든 것들과 지금까지 공들여 만든 생각을 세상에 전하려면 반드시 언어라는 도구가 필요하다. 언어의 수준이 높을수록 삶의 수준도 함께 높아질 수밖에 없다. 이 사실을 잘 알고 있었던 비트겐슈타인은 이런 말을 남기기도 했다.

"나는 글에 쉼표를 많이 써서 독자의 읽는 속도를 최대한 늦춘다. 나 자신이 그렇게 글을 읽는 것처럼, 내가 쓴 글이 천천히 읽히기를 희망하기 때문이다."

삶의 의미를 회복하려면 어떻게 해야 할까? 나의 과거 그리고 현재, 앞으로 살아갈 미래에 대해서 글로 쓸 수 있어야 한다. 표현할 수 없는 것들은 진짜 나의 것이라 말할 수 없다. 그래서 그가 조언한 것처럼 우리는 세상과 사람, 그리고 책을 아주 천천히 읽어야 한다. '치열하게 천천히' 읽어야 몰랐던 사실에 대해서 스스로 깨우칠 수 있다. 100권의 책을 한 번씩 읽는 것보다 한 권의 책을 100번 반복해서 천천히 읽어보라. 한 번 읽을 때는 몰랐던 것을 열 번 읽었을 때, 열 번 읽었을 때 몰랐던 것을 100번 읽을 때 알 수 있게 된다.

그렇게 우리는 "난 내가 무엇을 원하는지 알고 있어"라고 자신 있게 말할 수 있게 된다. 내 주변 세상은 내가 볼 수 있는 것들의 합이다. 세상은 사실의 합이지 사물의 합이 아니다. 사람은 자신이 발견할 수 있는 사실을 통해서만 세상을 규정할 수 있다.

비트겐슈타인의 말은 이해하기 쉽지 않다. 그 수준에 도달한 사람만이 의미를 알 수 있기 때문이다. 하지만 비트겐슈타인의 말을 읽은 후 그에 대한 생각을 담은 오늘의 필사 문장을 필사하다 보면, 어느새 언어 수준이 높아진 자신을 발견하게 될 것이다. 아래 비트겐슈타인이 남긴 말을 낭독하고 필사하며 그 과정을 시작해보자.

"당신이 아는 것만이 사실이며,
사실의 합이 당신이 살아갈 세계다.
우리는 아는 것 이상의 세계는
볼 수도 이해할 수도 없다."

075.

Ludwig Josef Johann Wittgenstein

세상이라는 사전에 실리지 않은 가치를 찾으라.

비트겐슈타인의 말

오늘날의 교육은 사색하고 인내하는 능력을
최대한 억누르는 방향으로 가고 있다.
모든 말에는 사전에 실리지 않은 수많은 의미가 있다.

오늘의 필사

세상은 해석하는 자의 몫이다.

해석한 만큼 더 큰 세상을 볼 수 있다.

모두가 같은 것을 바라보지만

모두가 같은 것을 발견하는 건 아니다.

나는 다른 삶을 선택할 것이다.

아는 것을 이해할 수 있도록 쉽게 설명하며

단 한 줄로 압축할 수 있을 때까지

나는 그 자리를 떠나지 않을 것이다.

사전에 실리지 않은 나만의 의미를 찾아야

나의 가치를 더욱 견고하게

다질 수 있기 때문이다.

오늘의 질문 • 나는 쉽게 답할 수 없는 질문을 자주 던지는 편인가?

076.

Ludwig Josef Johann Wittgenstein

경험의 크기가 용기의 크기를 결정한다.

비트겐슈타인의 말

용기는 언제나 가장 독창적이다.
생각하지 말라. 단지 보라.
세상은 주어진 사실이 아닌 내가 본 진실들의 총합이다.

오늘의 필사

용기가 가장 독창적인 이유는

저마다 다른 마음에서 피어나기 때문이다.

그래서 용기를 내지 못하는 이유는

나쁜 상황이 아닌 마음속에 있다.

경험을 통해서 마음의 크기를 확장해야 한다.

경험으로 내가 깨달은 것만이 진실이며

그 진실의 합이 내가 가진 용기의 크기다.

나는 내가 경험한 것 이상의 세계는

볼 수도 이해할 수도 없다.

용기를 내서 더 넓은 세상을 만나기 위해서는

늘 자신에게 질문하며

익숙한 자리를 떠날 용기를 내야 한다.

오늘의 질문 • 최근 했던 경험 중 가장 인상 깊었던 것은 무엇인가?

077.

Ludwig Josef Johann Wittgenstein

내가 커지면 두려움은 작아진다.

비트겐슈타인의 말

한순간일지라도 두려움을 이겨내는 경험은
좀 더 보람 있는 인생을 만든다.
그저 너 자신을 향상시켜라.
그것이 네가 세계를 향상시키기 위해 할 수 있는 유일한 일이다.

오늘의 필사

삶은 두려움의 연속이다.
수많은 날을 살았어도
오늘은 누구에게나 처음이기 때문이다.
보람 있는 인생을 살기 위해서는
두려움을 이겨낼 수 있을 정도로
나 자신을 향상시켜야 한다.
생각하는 수준을 높이자.
내가 아무리 가치 있는 생각을 해도,
거기에는 소득세나 부가가치세,
훗날 증여세나 상속세도 붙지 않는다.
사색만이 나의 사라지지 않는 자본이다.

오늘의 질문 • 바쁘게 살지만 결과는 좋지 않다고 느낄 때가 있는가? 그 이유는?

078.

Ludwig Josef Johann Wittgenstein

타인의 기쁨을 나의 행복으로 아는 사람이 되라.

비트겐슈타인의 말

누군가의 가치관이나 선악의 기준을 알고 싶은가?
그 사람이 무엇을 바라보며 자주 미소 짓는지를 눈여겨보면
분명하게 알 수 있다.

오늘의 필사

누군가의 성공에 질투를 느낀다면

그건 그 성공에 대한 동경이 아닌

나의 결핍에서 나왔을 가능성이 높다.

주변 사람들이 잘되는 모습을

내 일처럼 기뻐하면 살면

모든 기쁨이 내 안에 쌓인다.

좋은 일에 아낌없이 미소를 보내고

안타까운 일이 생기면

진심으로 다가가서 안아주자.

내가 진심으로 기뻐하는 만큼

나의 세계도 넓어진다.

오늘의 질문 • 나는 어떤 모습에 질투를 가장 많이 느끼나?

079.

Ludwig Josef Johann Wittgenstein

모든 감정은 다 세상이 준 선물이다.

비트겐슈타인의 말

불쾌함도 세상이 주는 선물이니 걱정마저도 고맙게 받아들이라.
자아 성찰은 강요나 억지가 아닌 내 삶의 새로운 한 부분이어야 한다.

오늘의 필사

"이렇게 살다가 죽는 건가?"
이런 생각이 들어 자꾸 마음이 약해질 때,
나는 다시 나 자신을 굳게 믿고
당당하게 외칠 수 있어야 한다.
나는 결코 무너지지 않는다.
고통과 슬픔, 그리고 두려움까지
모든 것은 세상이 내게 준 선물이다.
힘들 때마다 오히려 성찰하면서
이게 내게 왜 주어졌는지
나는 어떤 삶을 살 것인지 고심하며
나만의 길을 찾아내야 한다.

오늘의 질문 • 최근 가장 후회하는 선택은 무엇인가?

080.

Ludwig Josef Johann Wittgenstein

결국 나이 들어서 후회하는 하나의 진실.

비트겐슈타인의 말

피상적인 대화를 나눌 바에는 차라리 멋지게 충돌하는 게 낫다.
다치는 게 두려운 사람은 영원히 정직하게 생각할 수 없다.

오늘의 필사

남에게 이런저런 참견과 질타를 하면서
젊은 시절을 보낸 사람들은 결국
나이 들어서 결정적인 후회를 한다.
"아, 난 한 번도 나를 위해 살지 못했구나.
최선을 다해 나의 일을 하면서
열심히 살았어야 했는데."
세상의 모든 분야의 대가들은 말한다.
"남 신경은 그만 쓰고 네 일을 하면서 살아라!"
세상의 온갖 일에 신경 쓰고 참견하면
통쾌하고 즐겁고 참 흥미진진하다.
손가락과 입만 있으면 가능한 일이니까.
하지만 내게 주어진 일에 최선을 다하려면
모든 영혼과 전력의 힘이 필요하다.
나중에 후회하지 말고 내 일에 집중하자.

오늘의 질문 • 몰입을 위해서 나는 어떤 습관을 바꿔야 할까?

081.

Ludwig Josef Johann Wittgenstein

자신의 가능성을 의심하지 말라.

비트겐슈타인의 말

너를 보는 타인을 바라보지 말고 너 자신을 맹렬히 바라보라.
너는 지금 타인을 의식하고 있다. 이 얼마나 비열한 짓인가.
나는 매일 아침을 희망으로 시작해서 24시간 내내 연구에 매달린다.
그러나 연구가 끝나고 저녁이 되면 그 희망은 절망으로 바뀌어 있다.

오늘의 필사

"내가 이 일의 전문가도 아닌데
누굴 가르쳐도 되는 건가?
나보다 더 잘하는 사람도 많은데."
자신의 가능성을 의심하는 버릇을 버리자.
삶의 모든 분야에서 다 마찬가지다.
남들 시선을 신경 쓰면
난 평생 할 수 있는 게 하나도 없다.
자신감은 바로 이때 필요하다.
나는 나만큼 하면 되고,
거기에 맞는 삶을 살면 된다.
누구에게나 가르칠 자격이 있고
최선을 다해 내가 아는 것을 가르치면 된다.
가르치면서 내 삶이 한층 높게 자라고
내면도 한층 두터워지는 거니까.

오늘의 질문 • 지금보다 더 전문가가 되려면 내게 필요한 게 무엇인가?

082.

Ludwig Josef Johann Wittgenstein

익숙한 곳을 벗어나야 새로운 곳의 주인이 된다.

> **비트겐슈타인의 말**
>
> 들어야만 아는 자는 들어도 모른다.
> 배워야만 아는 자는 배워도 모른다.
> 스스로 깨닫지 못하는 자는 죽는 날까지 하나도 모르고 살게 된다.

> **오늘의 필사**

세상을 바라보는 안목과 수준을 높여서

스스로 깨닫는 삶을 살고 싶다면

책을 선택하는 키워드를 바꿀 필요가 있다.

키워드가 바뀌면

지식이 활동하는 무대도 바뀌고,

의식 수준과 지적 에너지가

놀랄 만큼 향상된다.

습관적으로 검색하는 키워드를 바꾸고

새로운 키워드를 검색해보자.

언제나 익숙한 곳에서 매일 벗어나라.

세상에 존재하는 모든 측면을 사랑하라.

오늘의 질문 • 내가 틀릴 수도 있다는 사실을 인정할 수 있나?

083.
Ludwig Josef Johann Wittgenstein

읽다가 멈추는 데 독서의 가치가 있다.

비트겐슈타인의 말

나는 글에 쉼표를 많이 써서 독자의 읽는 속도를 최대한 늦춘다.
나 자신이 그렇게 글을 읽는 것처럼
내가 쓴 글이 천천히 읽히기를 희망해서다.

오늘의 필사

독서의 목표는

단순히 읽는 게 아니라

생각하며 읽는 과정에 있다.

다 읽는 게 아니라

읽다가 멈추는 게 핵심이다.

내 시선을 멈추게 만든 문장을

두 번 세 번 반복해서 생각하며

나만의 깨달음을 얻어야 한다.

작가가 영혼을 담아 글을 쓴 것처럼

나도 영혼을 담아 글을 읽어야 한다.

오늘의 질문 • 내가 생각하는 독서와 글쓰기의 정의는 무엇인가?

084.   Ludwig Josef Johann Wittgenstein

자기 삶의 영웅이 되라.

비트겐슈타인의 말

영웅이 되지 못하는 건 나약함 때문이다.
그러나 영웅을 흉내 내는 건 훨씬 더 나약한 것이다.

오늘의 필사

진짜 자기 삶의 영웅은

수단과 방법을 가리지 않고

원하는 것을 쟁취하는 사람이 아니라

스스로 옳다고 생각하는 것을 지키기 위해

자신을 희생하는 사람이다.

사명감 없이 사는 나약한 사람은

자기 삶의 영웅이 될 수 없다.

어떤 희생을 치르더라도

옳다고 생각한 것을 실천하며 살자.

오늘의 질문 • 내가 생각하는 내 신뢰도는 몇 점인가?

085.

Ludwig Josef Johann Wittgenstein

스스로를 바꿔야 세상도 바뀐다.

비트겐슈타인의 말

더는 견딜 수 없게 되었을 때 사람은 상황의 변화를 기대하게 된다.
그러나 이 세상 그 누구도 가장 중요하고 효과적인 변화는
자기 자신의 태도를 바꾸는 것이라는 인식은 쉽게 가지지 못한다.

오늘의 필사

나는 변화를 다른 사람에게
미루지 않을 것이다.
가장 중요하고 효과적인 변화는
언제나 나로부터 시작한다.
내가 나를 바꿀 수 있다면
내가 사는 세상도 결국 바뀐다.
늘 세상이 아닌 나 자신을 바라보자.
세상이 바뀌지 않는다고 불평하기보다는
말로만 변화를 주장하는 나를 반성하자.
어제보다 더 큰 마음으로 오늘을 살자.

오늘의 질문 • 생산적인 질문을 하려면 어떻게 해야 할까?

086.

Ludwig Josef Johann Wittgenstein

스스로를 믿는 자기 삶의 철학자로 진화하라.

비트겐슈타인의 말

자기 삶의 철학자란 건강한 인식을 얻기 위해서
자기 안에 박혀 있는 다양한 사고의 오류를 스스로 고치는 사람이다.

오늘의 필사

아무도 나를 여기에서 꺼내주지 않는다.

벗어나고 싶다면 나의 힘으로 벗어나야 한다.

나의 하루는 오늘부터 달라질 것이다.

아닌 일에는 분명한 선을 그을 것이고

유연하게 대처하며 변화할 것이다.

"너라면 할 수 있을 거야"라는

동기 부여와 응원을 바라기보다는,

나 자신을 굳게 믿고

거침없이 시작할 것이다.

뭐든 스스로를 믿어야 시작이 가능하고,

그 시작에 빛과 희망이 찾아올 수 있다.

오늘의 질문 • 내 삶의 철학을 한마디로 압축해서 표현한다면?

087.

Ludwig Josef Johann Wittgenstein

취향이 고급인 사람이 되는 법.

비트겐슈타인의 말

어떤 상황에서 어떻게 행동하고 어떤 것을 선호해서 손에 넣고
자주 먹는 것은 무엇이고 어떤 것을 집중해서 응시하고
또 무엇에 마음을 빼앗기는지,
그 사람의 모든 행동이 결국 그 자신을 표현한다.

오늘의 필사

취향이 고급인 사람이 있다.

과소비를 하거나 비싼 취미를 가졌다는 게 아니다.

시각과 태도가 고급인 사람들은

부정적인 것들에 마음을 빼앗기지 않는다.

가장 나쁜 언어 습관은

가능성을 삭제한 말을 하는 것이다.

무엇이든 가능하다는 생각으로 세상을 보면

수준 높은 것들이 보인다.

늘 가능하다는 생각에서 시작하라.

내 삶을 아름답게 해줄 것들에게

더 자주 마음을 허락하며 살자.

오늘의 질문 • 나는 요즘 일과 삶의 균형을 잘 잡고 살고 있나?

088.

Ludwig Josef Johann Wittgenstein

지금 할 수 있는 일부터 시작하라.

비트겐슈타인의 말

> 어떤 돌이 전혀 움직이지 않고 도저히 손을 쓸 방법이 없다면
> 먼저 주변의 돌부터 치우라.

오늘의 필사

할 수 없는 일에 마음을 쓰지 않는다.
대신 지금 할 수 있는 일을 찾아서
나만의 방법으로 하나하나 처리하면
할 수 없는 일을 할 수 있게 된다.
남들을 따라가도 그곳에 천국은 없으니
혼자 남아 관찰할 용기를 내야 한다.
아무리 문제가 커도 나는 두렵지 않다.
희망을 품고 있는 동안,
나는 절대로 실패한 게 아니다.
서두르면 결국 판단이 흐려지고,
선택을 남에게 맡기게 된다.
모든 순간 선택은 나의 몫이다.

오늘의 질문 • 하루에 딱 하나의 일만 할 수 있다면 내 선택은?

089. Ludwig Josef Johann Wittgenstein

입이 아닌 삶이 나를 증명하게 하라.

비트겐슈타인의 말

지혜나 지식이 우리의 삶을 온전히 만들어주는 건 아니다.
지혜나 지식에는 삶을 데울 온기가 없다.
우리의 일상을 바꿀 힘은 그런 차가운 것들이 아니라
부글부글 끓어오르는 열정에 있다.

오늘의 필사

많이 아는 것도 중요하다.
하지만 열정을 품고 실천하지 않는 사람에게
지식은 한낱 종이에 적힌 글자에 불과하다.
지루한 일상을 바꾸고 싶다면
꾸준한 열정이 중요하다는 사실을 기억하자.
열정의 가치는 순간적인 온도가 아니라
끝까지 그 온도를 유지하는 꾸준함에 있고,
끝까지 자기 일을 소리 없이 해내는 사람들은
굳이 자신이 무엇을 해낼 것인지
입으로 하나하나 말할 필요가 없다.
삶이 자신을 증명하고, 추천하고 있으니까.

오늘의 질문 • 열정의 온도를 꾸준히 유지하려면 어떻게 해야 할까?

090.   Ludwig Josef Johann Wittgenstein

가능하다는 생각으로 주변을 봐야 한다.

비트겐슈타인의 말

가능성을 믿는 자가 말하는 "믿는다"와
가능성을 믿지 않는 자가 말하는 "믿는다"는 완전히 다르다.

오늘의 필사

입으로만 가능하다고 말하는 사람과
실제로 가능하다고 굳게 믿으며
말하는 사람의 결과는 같을 수가 없다.
뭐든 가능하다고 생각하며 다가가자.
누구나 희망을 품고 살기를 바라지만
모두가 희망을 품고 사는 건 아니다.
누구에게나 배울 기회가 주어지지만
모두가 배울 수 있는 건 아니다.
진짜 희망을 품고 깨달음의 나날을 보내려면
여기에 뭔가가 있다는
가능성의 눈으로 세상을 바라봐야 한다.

오늘의 질문 • 가능성의 눈으로 세상을 보려면 어떤 태도를 가져야 할까?

091.　　　　　　　　　　Ludwig Josef Johann Wittgenstein

되는 일이 없을 때 무기력한 일상을 바꾸는 말.

비트겐슈타인의 말

인간의 절망에는 끝이 없고 포기로는 절망을 끝내지 못한다.
스스로 기운을 차려서 모든 것을 아름답게 바꾸라.
가파르고 높은 산을 올라가려면
무거운 배낭은 산기슭에 놔두고 가볍게 출발해야 한다.

오늘의 필사

1. 모든 문제는 풀기 위해서 얽혀 있는 것이다.

2. 지금 나는 확실하게 잘되는 과정에 있다.

3. 많은 돈이 아니라, 굳은 의지가 나를 키운다.

4. 내 하루는 귀한 것으로 가득하다.

5. 좋은 기회는 외부가 아니라, 내부에서 찾아온다.

6. 중간에 멈추지 않으면, 원하는 곳에 도착할 것이다.

7. 나는 나의 가치를 증명하기 위해 살고 있다.

8. 나는 말과 행동으로 희망을 그릴 수 있다.

9. 말로 표현할 수 있다면, 그걸 잡을 수도 있다.

10. 나의 모든 현실은 내가 원한 것들이다.

오늘의 질문 • 요즘 가장 두려운 게 무엇인가?

092. Ludwig Josef Johann Wittgenstein

아무리 힘들어도 스스로 명령해야 한다.

비트겐슈타인의 말

'이 정도면 됐으니 끝내자'라는 생각은
보통 인간의 신체적인 욕구에서 나온다.
하지만 지성인이라면 신체가 내리는 명령을 단호하게 거부하며
생각을 잡고 있어야 한다.

오늘의 필사

가끔 포기하고 싶어질 때도 있다.
하지만 나는 이 정도면 충분하다는
나약한 명령을 내게 내리지 않을 것이다.
나는 떠밀려서 가는 삶을 살지 않는다.
뒤로 갈 수는 있어도 그것 역시
나의 선택이어야 한다.
어떤 힘든 일도 나를 멈추게 할 수는 없다.
내가 분투하며 보낸 어제가
오늘의 내 삶을 지켜주고 있으니까.

오늘의 질문 • 노후까지 편안하게 살기 위해서 무엇이 필요할까?

093.

Ludwig Josef Johann Wittgenstein

전문가는 그 일을 가장 오랫동안 사랑한 사람이다.

비트겐슈타인의 말

모든 것을 하나로 만드는 언어 폭력.
그것이 가장 거칠게 표출되어 있는 것이 바로 '사전'이다.
다른 방식으로 생각하라. 발상을 완전히 새롭게 바꾸라.
지금까지의 생각을 완전히 버리고 완전히 다른 방식을 사용하라.

오늘의 필사

늘 자신을 돌아봐야 한다는
삶이 가르쳐준 진리를 잊지 말자.
나의 삶은 언제나 내가 스스로 정의한다.
사전이 정의한 의미에 매몰되지 말자.
늘 다른 차원이 있음을 인지하자.
더 자주 돌아보며 성찰하는 사람이
더 높고, 깊은 시선을 가질 수 있다.
자기만의 세계를 가진 전문가는
많이 배운 사람이 아니라,
그 일을 오랫동안 사랑한 사람이다.
깊어지려면 사랑해야 하니까.

오늘의 질문 • 내가 생각하는 최고의 전문가는 누구인가?

094.

Ludwig Josef Johann Wittgenstein

앎과 실천은 하나다.

> **비트겐슈타인의 말**
>
> 문제가 없는 인생은 오히려 문제가 있다.
> 사람은 현재 속에 살아야 가장 행복할 수 있다.

> **오늘의 필사**

알면 스스로 실천하게 되지만
모르면 실천하지 않으면서
이렇게 변명하게 된다.
"누가 몰라서 그러냐,
알지만 실천하기 힘든 거지."
지금 실천하지 않고 있다면
스스로 문제가 있음을 인지해야 한다.
알면서 하지 않는 게 아니라
제대로 몰라서 하지 않는 것이다.
진짜 아는 사람은 결국 실천하게 된다.
어설프게 아는 게 모르는 것보다 위험하다.
안다는 착각이 인생을 망친다.

오늘의 질문 • 나는 왜 지금까지 안다고 착각했던 걸까?

095.   Ludwig Josef Johann Wittgenstein

내가 품은 언어가 내가 살아갈 세계를 결정한다.

비트겐슈타인의 말

쓸모없는 문제에 굳이 관여하지 말고
말할 수 없는 것에 대해서는 늘 침묵해야 한다.
언어는 만물의 척도임을 기억하라.

오늘의 필사

나는 사랑, 용기, 희망의 언어를
가슴에 품고 세상을 바라본다.
나는 내 방식을 버리면서까지
누군가의 인정을 받으려고 하지 않는다.
또한 몇몇 사람들의 눈에 잘 보이려고
나를 바꾸지도 않는다.
내가 품은 고귀한 언어가
그런 허술한 삶을 허락하지 않기 때문이다.
무엇보다 중요한 건
내 삶의 주인인 나 자신에게
잘 보여야 한다는 사실이다.
나는 내가 품은 언어의 가치를 믿는다.

오늘의 질문 • 내가 품고 싶은 언어는 어떤 것들인가?

096.

Ludwig Josef Johann Wittgenstein

진짜 어른의 독서는 나를 이렇게 변화시킨다.

비트겐슈타인의 말

진짜 어른에게 나이 든다는 건
자신의 언어를 정밀하고 세련되게 다듬는 과정이다.

오늘의 필사

좋은 책을 읽은 후에는
언제나 말을 골라서 쓰게 된다.
내가 가진 언어의 수준을 높여야
삶의 수준도 높아진다는 사실을
독서를 통해서 깨달았기 때문이다.
나를 변화시키는 책이 아니라면
굳이 시간을 내서 읽을 필요가 없다.
나를 침묵하게 만드는 책,
말을 골라서 쓰게 만드는 책,
자꾸만 읽다가 멈추게 만드는 책,
나를 그렇게 만드는 책을 읽어야
읽는 나날이 곧
성장하는 어른의 나날이 될 수 있다.

097.

Ludwig Josef Johann Wittgenstein

이 순간에 무섭게 집중하라.

> **비트겐슈타인의 말**
>
> 앞으로도 지금까지 살아온 것처럼 산다면
> 세계도 지금까지와 다르지 않을 것이다.
> 그러나 내가 살아가는 방식을 바꾼다면
> 세계도 그에 맞는 새로운 얼굴을 보여줄 것이다.
> 나의 현재 수준이 곧 내가 만날 세계의 수준이다.

오늘의 필사

내가 먼저 달라지지 않으면

세상도 바뀌지 않는다.

문제가 있다면 내가 달라져야 한다.

내가 달라짐으로써 나를 둘러싼

모든 세상이 달라질 것이다.

과거나 미래를 생각할 시간에

현재에 무섭게 집중하자.

나를 변화시킬 모든 기회는

지금 이 순간에 존재한다.

이 소중한 순간을 1초도 놓치지 말자.

오늘의 질문 • 시간이 가는 걸 잊을 정도로 집중하게 만드는 일이 있나?

098.

Ludwig Josef Johann Wittgenstein

예민하게 생각하고 행동하면 나만 손해다.

비트겐슈타인의 말

상처 있는 사람과 만나는 게 즐거운 사람은 없다.
상처가 없는 사람을 만날 때 내 기분도 좋아진다.
사소한 일에도 예민하게 반응하며 지나치게 까칠한 사람의 얼굴은
누구에게도 반갑지 않다.

오늘의 필사

신경을 아무리 써도

문제는 해결되지 않는다.

신경을 쓰면 결국 예민함이 과해져서

나만 힘들어진다.

풀리지 않는 일이 많을수록

웃으며 좋은 마음으로 상대를 대하고

행동에서 예민함을 걷어내는 게 좋다.

세상에 상처 많은 예민한 사람을

반기는 사람은 없다.

힘들어도 잠시만 웃자.

그래야 좋은 일이 더 많이 생긴다.

오늘의 질문 • 처음 사람을 만났을 때 어디를 집중해서 보는가?

099.

Ludwig Josef Johann Wittgenstein

모두에게 주어졌지만 아무나 쓸 수 없는 지적 도구.

비트겐슈타인의 말

마음속에 간직한 용기가 처음에는 씨앗처럼 작아도
점점 성장해서 결국 거목이 된다.
누구든 자신의 비참한 현재 상황을 순식간에 깨부수고 싶다면,
힘들었던 과거에 작별을 고하고 새로운 세계의 문을 열고 싶다면,
자신이 보고 듣는 말의 내용을 바꿔야 한다.

오늘의 필사

하루는 모두에게 주어지지만

열심히 사는 건 자신의 몫인 것처럼,

언어는 모두에게 주어지지만

아름답게 활용하는 건 자신의 몫이다.

모두에게 공평하게 허락된 재산이지만

어떤 사람은 넘치도록 갖고 있고,

어떤 사람은 바닥이 보인다.

세상에서 가장 지적이며 근사한

언어라는 재산을

일상이라는 무대에 차곡차곡 쌓자.

오늘의 질문 • 요즘 특별히 관심 가는 분야가 있다면?

100.

Ludwig Josef Johann Wittgenstein

어른은 자신을 재촉하지 않는다.

> **비트겐슈타인의 말**
>
> 적당한 물 그리고 충분한 빛이 있으면 싹은 비로소 조금씩 돋는다.
> 빨리 성장시키기 위해서 힘으로 잡아당긴다고 싹이 자라는 건 아니다.
> 오히려 더 빨리 죽을 뿐이다.
> 우리의 삶을 구성하는 다른 것들도 이와 다르지 않다.

> **오늘의 필사**

가장 어려울 때

나는 가장 많이 성장하고,

가장 고독할 때

나는 나의 색으로 빛난다.

좀 더 빠르게 성장하고 싶다는

유해한 욕심이 오히려 나를 망친다.

조바심을 내며 재촉하는 건

빨리 자라지 않는다는 이유로

나무를 잡아당기는 것과 같다.

성장이라는 지도 위에는

빠르게 도착하는 지름길이 없다.

내 속도와 노력을 믿고 정진하자.

오늘의 질문 • 조바심이 날 때 나는 나를 어떻게 진정시키는가?

101.

Ludwig Josef Johann Wittgenstein

상황을 잘 아는 사람들의 문법은 다르다.

비트겐슈타인의 말

어떤 이는 사는 사람과 파는 사람으로 인간을 구분했다.
그는 사는 사람이 파는 사람도 될 수 있다는 놀라운 사실을 잊은 것이다.
만약 그 사실을 알게 된다면 그가 구사하는 문법도 달라질 것이다.

오늘의 필사

모든 사람의 상황은 언제든 바뀔 수 있다.

그래서 이 인생의 진리를 아는 사람들은

언제나 당당하게 세상을 살아간다.

그 당당함이 그들의 문법이다.

굽실대는 것과 친절한 건

완전히 다른 문제다.

상대가 사는 사람이고 내가 파는 사람이라고

비참한 정도로 굽실거릴 필요는 없다.

친절한 마음이 녹아 있는

태도와 말이면 충분하다.

오늘의 질문 • 다른 사람의 입장을 잘 이해하는 사람은 무엇이 다른 걸까?

102.   Ludwig Josef Johann Wittgenstein

나는 내가 글로 쓴 만큼 피어날 수 있다.

비트겐슈타인의 말

정성을 다해 가꾼 아름다운 장미 정원을 차분히 관찰해보라.
땅에는 퇴비와 썩은 짚, 오물이 있다.
벌레까지 오가는 그 암울한 곳에서 장미는 아름답게 꽃을 피운다.
글도 그렇게 정원에 핀 장미와 닮았다.
내가 지금 쓰는 이 서투른 글이 훌륭한 글이 되어 나를 꽃피울 것이다.

오늘의 필사

처음부터 글을 잘 쓰는 사람은 없다.

지금까지 쓴 글의 양이

곧 내가 가진 재능의 크기다.

가장 암울한 공간에서 싹을 틔우고

하루하루 자라나

아름답게 피어난 장미처럼

외로운 공간에서

홀로 분투하며 쓴 나의 글은

내 삶을 아름답게 꽃피울 것이다.

나는 쓴 만큼 피어날 수 있다.

오늘의 질문 • 혼자 글을 쓰는 시간은 내게 어떤 의미가 있는가?

103.

Ludwig Josef Johann Wittgenstein

글을 써야 내 가능성을 다 쓸 수 있다.

비트겐슈타인의 말

우리는 자신이 표현하고 싶은 것을
아무리 애를 써도 절반도 표현하지 못한다.
아니, 실제로는 절반이 아니라 고작해야 1/10밖에 안 될 수도 있다.
누구든 어렵다는 이유로 자기 내면으로 아주 깊이 내려갈 마음이 없다면
그는 피상적인 글만 쓸 것이다.

오늘의 필사

자신의 생각을 정밀하게

표현할 수 있는 사람은 별로 없다.

내면에 가까이 다가가서 오랫동안

관찰한 시간이 필요하기 때문이다.

생각을 말과 글로

제대로 표현하는 인생을 살고 싶다면

글쓰기를 시작해야 한다.

쓸 수 없는 인생은 애처롭다.

글을 쓰며 나는 쓸 만한 인생을 살 수 있으며

쓸 만한 대화를 자주 즐길 수 있다.

글을 쓰며 산다는 것이 조금 괴로워도

포기하지 말고 습관으로 만들자.

사는 나날이 곧 쓰는 나날이 되도록.

오늘의 질문 • 내가 쓰고 싶은 인생은 어떤 모습인가?

104.

Ludwig Josef Johann Wittgenstein

강한 인간은 안락함을 추구하지 않는다.

비트겐슈타인의 말

한 시간 후 나는 죽을 수도 있다.
그러면 이 순간을 극복하기 위해서 나는 어떻게 살아가야 하는가?
아무리 생각하는 게 괴로워도 상식 속으로 도망치지 말라.
살아 있는 한 수많은 문제가 당신 앞에 펼쳐질 것이다.
문제와 정면으로 맞서서 해결하라.

오늘의 필사

나는 나 자신에게 통렬하게 묻는다.

나의 독서는 나의 삶을 나아지게 하는가?

나의 독서는 나를 더 큰 사람으로 만드는가?

아니라면 왜 바꾸지 않는가?

왜 늘 같은 방식으로 읽고 있는가?

왜 늘 같은 수준에 머물러 있는가?

나는 나를 상식에 가두지 않을 것이고

문제와 정면으로 맞서며 살 것이다.

이 사실을 기억하자.

고통보다 안락함을 추구하면

살아갈 가치가 없는

약한 인간이 될 뿐이다.

오늘의 질문 • 나는 왜 책을 읽는가?

105.

Ludwig Josef Johann Wittgenstein

필사로 살고 싶은 인생을 살아보라.

비트겐슈타인의 말

실천하게 만들지 못하는 문자와 기호는 한낱 무늬에 불과하다.
언제나 나는 글을 쓰며 펜으로 생각하고 있다.
손이 무엇을 쓰고 있는지 머리가 모르는 일이 흔히 있기 마련이니까.

오늘의 필사

내가 원하는 삶과

닮은 글을 필사하며

나의 세계는 하루하루

내가 원하는 모습으로 완성된다.

생각은 바로 실천으로

연결이 되어야 하고,

살면서 잊거나 미루지 않게

필사로 머릿속에 각인시켜야 한다.

나는 멈추지 않고

살고 싶은 미래를

글로 쓰며 부를 것이다.

오늘의 질문 • 내가 알고 있는 가장 멋진 문장은 무엇인가?

106.   Ludwig Josef Johann Wittgenstein

근사한 내면의 소유자로 사는 법.

> **비트겐슈타인의 말**
>
> 자신에게 가장 잘할 수 있는 사람은 언제나 자기 자신뿐이다.
> 어느 누구도 나처럼 나를 생각해주지 않는다.
> 스스로 차분하게 그리고 깊이 자신을 생각하며 살라.

> **오늘의 필사**

근사한 언어를 가지려면

근사한 내가 되어야 한다.

내가 사는 모습이 그대로

나의 언어가 되기 때문이다.

아주 사소한 것 하나라도

늘 중심에 나를 두고 생각하자.

그래야 나중에 후회도 없으며

깊은 내면의 소유자가 되어

근사한 나로 살 수 있다.

오늘의 질문 • 분투하며 잘 살고 있는 내게 들려주고 싶은 말이 있다면?

107. Ludwig Josef Johann Wittgenstein

예술의 가치를 발견하는 안목의 본질.

비트겐슈타인의 말

대부분의 예술가는 다른 선배나 후배로부터 영향을 받았고,
받은 영향을 자신의 작품으로 보여준다.
하지만 대중은 엉뚱하게도 그들의 작품이 아닌 인격을 보면서
그걸로 그들의 예술 세계를 평가한다.

오늘의 필사

언제나 본질을 바라봐야

예술에서 무언가를 배울 수 있다.

나는 예술가의 사생활을 알고 싶어서

그가 만든 예술 작품을 즐기는 게 아니다.

제대로 묻지 않으면 작품은 내게

쓸모 있는 답을 주지 않는다.

처음에 어떤 생각으로 창작을 시작했는가?

누구에게 무엇을 배웠는가?

나는 무엇을 어떻게 바라봐야 하는가?

지금 나는 인격자를 찾는 게 아니다.

예술을 볼 땐 예술만 바라봐야 한다.

오늘의 질문 • 창의력을 키우려면 어떻게 해야 할까?

108. Ludwig Josef Johann Wittgenstein

자신만 옳다고 생각하는 사람을 지혜롭게 대하는 법.

비트겐슈타인의 말

변하지 않는 신념을 가진 사람과
그것만이 반드시 옳다고 확신하는 사람의 믿음은
무너뜨리기 매우 힘들다.

오늘의 필사

한 사람이 지금까지 쌓은 언어는
그가 오랫동안 사색해서 내린 결론이다.
어떤 상황에서도 신념이
흔들리지 않는 사람이 있다면
그에게 굳이 다른 이야기를 하며
다른 가치를 설명할 필요는 없다.
그의 귀에는 아무것도 들리지 않아서
내 시간만 허비하게 되기 때문이다.
자신만 옳다고 생각하는 사람이 있을 땐
'그럴 수도 있구나'라고 생각하며
배울 것만 배우고 지나치면 된다.

오늘의 질문 • 나는 나와 공통점이 없는 사람과도 관계를 잘 유지할 수 있나?

109.

Ludwig Josef Johann Wittgenstein

가장 어려운 문제부터 해결해야 하는 이유.

비트겐슈타인의 말

알고 있는 것도 체계적으로 정리하라.
어려운 문제를 해결하는 힘은 새로운 정보의 획득에서 오는 게 아니라 이미 오래전부터 알고 있던 정보를 체계적으로 정리하는 데서 온다.

오늘의 필사

삶의 질을 높이려면
가장 어려운 문제부터 해결해야 한다.
빠르게 해결하지 않으면 사는 내내
그 문제로 괴롭힘을 당하게 된다.
어려운 문제를 해결하기 위해 내게 필요한 건
아주 심오한 지식이나 수많은 정보가 아니다.
"어떻게 하면 이 문제를 해결할 수 있나?"
"그 방법에 필요한 지식과 정보는 무엇인가?"
"체계적으로 정리하려면 어떻게 구분해야 하나?"
질문을 통해서 지식과 정보를 정리하면
더 빠르게 문제를 해결할 수 있다.

오늘의 질문 • 내가 가진 가장 어려운 문제는 무엇인가?

110.

Ludwig Josef Johann Wittgenstein

일상의 가치를 더하는 글쓰기의 법칙.

비트겐슈타인의 말

바르게 쓴 문장에서는 심장 또는 뇌의 한 조각이 파편처럼 떨어져 나와 종이 위에 조용히 내려앉는다.
내 문장의 대부분은 내게 일어난 이미지를 글로 변주한 것이다.

오늘의 필사

사람들의 기억 속에서

잊히지 않는 글을 쓰고 싶다면

먼저 기억할 만한 가치가 있는

농밀한 하루를 살아야 한다.

살면서도 글을 잊으면 안 되고

쓰면서도 삶을 잊어서는 안 된다.

그런 일상을 반복하게 되면

자연스럽게 내게 일어난 모든 일을

글로 변주해서 표현할 수 있게 된다.

일상에 가치를 더하면

글은 저절로 자신을 완성한다.

오늘의 질문 • 꾸준하게 글을 쓰며 사는 삶이 힘든 이유는 무엇일까?

111.

Ludwig Josef Johann Wittgenstein

시간이 날 때마다 자신과 대화를 나누라.

비트겐슈타인의 말

내가 쓴 글은 대부분 나 자신과의 대화다.
나 자신과 나누는 둘의 이야기를 글로 쓰고 있는 것이다.

오늘의 필사

누구든 쉽게 자신의 언어 수준을
최고 단계로 높일 수 있는 방법이 있다.
바로, 나의 가장 소중한 친구인
나 자신과 매일 대화를 나누는 것이다.
자신에게 거짓말을 하는 사람은 없다.
삶에서 일어나는 다양한 일에 대해
매일 나 자신과
솔직한 생각을 서로 나누면
나도 몰랐던 나를 경험하게 된다.
세상에 존재하는 진리를 알게 되는 동시에
내 속으로 파고들 수 있게 되어
내가 구사할 수 있는 언어의 수준도
점점 높아지게 된다.

오늘의 질문 • 지금 자신에게 들려주고 싶은 말이 있다면?

112.

Ludwig Josef Johann Wittgenstein

진짜 확실한 일에는 확신의 말이 필요 없다.

비트겐슈타인의 말

확실하다는 말로 우리는 의심의 부재를 강조하려고 하며,
그 한마디로 누군가를 설득시키려고 한다.
하지만 그런 어설픈 믿음은 결국
'주관적 확실성'이라는 사실을 알아야 한다.

오늘의 필사

확신한다는 말은 조심해서 사용해야 한다.
확신한다는 그 말이
확신을 증명하진 못하기 때문이다.
살면서 확신을 갖는 건 중요하지만
반드시 분명한 근거가 있어야 한다.
치열하게 노력하며 보낸 시간,
오랫동안 연구하며 사색한 과정.
이렇게 분명한 근거를 가진 사람들은
언제나 조용히 자신의 성공을 확신하지만,
근거가 없어서 어설픈 상태에 있는 사람들은
오히려 크게 소리를 치며 확신을 과시한다.
진짜 어른의 확신은 언제나 조용하다.

오늘의 질문 • 나는 어떤 표현을 습관처럼 사용하고 있나?

113.

Ludwig Josef Johann Wittgenstein

내가 먼저 좋은 사람이 되어야 하는 이유.

비트겐슈타인의 말

두려움, 슬픔, 즐거움 등의 감정은 모두
'무엇을 어떻게 생각하는가?'에서 나온다.
내가 아무것도 생각하지 않으면 어떤 기분도 생기지 않는다.
생각으로 비록 통증은 지울 수 없지만 나쁜 기분은 충분히 지울 수 있다.

오늘의 필사

좋은 생각을 하면 좋은 기분이 들고
좋은 기분은 좋은 하루를 만든다.
그렇게 좋은 하루가 반복되면
나도 모르게 좋은 사람이 된다.
내 안에 좋은 것들을 가득 채운 덕분이다.
"좋은 사람을 만나려면
내가 먼저 좋은 사람이 되어야 한다."
사람들이 이렇게 말하는 이유가 있다.
매일 좋은 것들을 내 안에 담아야
사람을 보는 안목이 좋아져서
좋은 사람을 발견할 수 있기 때문이다.
나는 앞으로 무엇이든 좋게 바라보며
일상이라는 무대에 사랑만 남길 것이다.

오늘의 질문 • 내가 생각하는 좋은 사람의 기준은 무엇인가?

114. Ludwig Josef Johann Wittgenstein

어디서든 꾸준히 잘 사는 사람들의 특징.

비트겐슈타인의 말

나는 왜 우리가 여기에 있는지 그 이유에 대해서는 알지 못한다.
그러나 나는 우리가 단지 즐기기 위해서
여기에 존재하는 건 아니라는 사실만큼은 확신한다.
한 인간의 한계를 봤을 때 그의 가능성을 측정할 수 있다.
천재가 아니면 죽는 게 낫다.

오늘의 필사

어디에서든 꾸준히 잘 사는 사람들에게는

SNS를 멈추지 않고 운영하면서

자신의 생각을 글로 표현한다는

아주 근사한 특징이 있다.

언제 봐도 늘 꾸준하게 글을 쓰며

자신이 무엇을 위해 사는지

신념과 철학을 세상에 남기고 있다.

경제적으로 불경기일 때나

안 좋은 일이 있을 때도 마찬가지다.

중간에 멈추는 일이 없이 해가 떠오르듯

늘 SNS에서 자신의 글을 쓰며 산다.

꾸준함은 가장 큰 삶의 무기다.

오늘의 질문 • 필사를 하면서 내가 스스로에게 바라는 게 있다면?

지은이 **김종원**

인생과 세계를 깊이 성찰하여 다듬어낸 따뜻한 언어로 아동부터 청소년, 성인에 이르기까지 120만에 이르는 독자들에게 감동을 선사하며 사색과 필사의 힘을 전파하고 있는 대한민국 대표 인문학 멘토다. 이 책에서는 누구나 한 번쯤 들어봤지만 단순한 '명언'으로만 받아들여지던 철학자들의 말 속에서 잃어버린 삶의 의미를 회복하고 진정한 내면의 성장을 이룰 수 있는 비결을 찾아 오늘의 독자들에게 그만의 문장으로 전하고자 한다.
저서로는 《너에게 들려주는 단단한 말》, 《부모의 어휘력》, 《글은 어떻게 삶이 되는가》, 《나에게 들려주는 예쁜 말》을 비롯해 '김종원의 세계철학전집' 시리즈로 《인간은 노력하는 한 방황한다》, 《내 언어의 한계는 내 세계의 한계이다》, 《나의 현재만이 나의 유일한 진실이다》 등 120여 권이 있다. 더불어 다양한 온라인 채널과 강연 그리고 매일 한 편 이상 인문학적 영감을 일깨워주는 글을 통해 독자들과 활발히 소통하고 있으며, 45만 명이 넘는 독자들이 그와 함께 꾸준히 사색하는 삶을 실천하고 있다.

철학이 삶의 언어가 될 때

초판 1쇄 인쇄　2025년 10월 30일
초판 1쇄 발행　2025년 11월 13일

지은이　　　김종원

책임편집　　최안나
편집　　　　박혜정
디자인　　　studio Ain
책임마케팅　최혜령, 박지수, 도우리, 양지환
마케팅　　　콘텐츠IP사업본부
해외사업　　한승빈, 박고은
경영지원　　백선희, 권영환, 이기경, 최민선, 강아현
제작　　　　재영P&B

펴낸이　　　서현동
펴낸곳　　　㈜오팬하우스
출판등록　　2024년 5월 16일 제2024-000141호
주소　　　　서울특별시 강남구 테헤란로 419, 11층 (삼성동, 강남파이낸스플라자)
이메일　　　info@ofh.co.kr

ⓒ 김종원 2025

ISBN　　　　979-11-7577-001-0　03100

- 큰숲은 ㈜오팬하우스의 출판브랜드입니다.
- 이 책은 저작권법에 따라 보호받는 저작물이므로 무단전재와 무단복제를 금지하며, 이 책 내용의 전부 또는 일부를 이용하려면 반드시 저작권자와 ㈜오팬하우스의 서면동의를 받아야 합니다.
- 책값은 뒤표지에 표시되어 있습니다.
- 잘못된 책은 구입하신 서점에서 바꿔드립니다.